中华先贤人物故事汇

班　超

薛林荣

著

中华书局

图书在版编目(CIP)数据

班超/薛林荣著. —北京:中华书局,2019.2(2019.6重印)
(中华先贤人物故事汇)
ISBN 978 – 7 – 101 – 13719 – 4

Ⅰ.班… Ⅱ.薛… Ⅲ.班超(32～102) – 生平事迹
Ⅳ. K827 = 341

中国版本图书馆 CIP 数据核字(2019)第 006860 号

书　名	班　超	
著　者	薛林荣	
丛书名	中华先贤人物故事汇	
责任编辑	罗明钢　董邦冠	
出版发行	中华书局	
	(北京市丰台区太平桥西里38号　100073)	
	http://www.zhbc.com.cn	
	E – mail:zhbc@ zhbc.com.cn	
印　刷	北京瑞古冠中印刷厂	
版　次	2019 年 2 月北京第 1 版	
	2019 年 6 月北京第 2 次印刷	
规　格	开本/787×1092 毫米　1/32	
	印张 4⅝　插页 2　字数 65 千字	
印　数	10001 – 30000 册	
国际书号	ISBN 978 – 7 – 101 – 13719 – 4	
定　价	20.00 元	

出版说明

孔子周游列国，创立儒家学说；张骞出使西域，开辟丝绸之路；书圣王羲之，留下了曲水流觞的佳话；诗仙李白，写下了"举头望明月，低头思故乡"的名篇；王安石为纠正时弊，推行变法；李时珍广集博采，躬亲实践，编撰医药学名著《本草纲目》……

这些杰出的历史人物，有的是在中华民族文明进程中做出过突出贡献、对后世产生过巨大影响的思想家、政治家，有的是对中华优秀传统文化的传承传播发挥过重大作用的文学家、艺术家、科学家，有的是为国家安定统一、民族融合团结和中外文化交流做出过杰出贡献的军事家、外交家……他们为中华民族的繁荣发展做出了伟大的贡献，他们的行为事迹、风范品格为当世楷模，并垂范后世。

他们是中华民族的先贤人物。他们的思想、品德、事迹，是中华优秀传统文化的结晶。他们的故事，是对中华民族的禀赋、特点和气质最生动、最鲜活的阐释。他们的名字，在五千年中华文明史上最为光彩夺目。他们为五千年中华文明史书写了最为光辉灿烂的篇章。

为了解先贤，走近先贤，我们精心组织编写了这套《中华先贤人物故事汇》丛书。以详实可靠的史料为依据，以细腻动人的故事为载体，真实地呈现中华先贤人物的事迹、品格和精神风貌，彰显他们的贡献和功绩，以激发人们对国家民族的热爱，对中华文明、中华优秀传统文化的崇敬。

开卷有益，期待这套丛书成为你的良师益友。

目 录

导读 ·· 1

投笔从戎 ·· 1

出使西域 ·· 25

建功绝域 ·· 56

一统西域 ·· 91

万里封侯 ·· 116

班超生平简表 ·································· 134

导　读

　　班超（公元32－102），字仲升，扶风平陵（在今陕西咸阳）人，东汉时期著名军事家、外交家。他的父亲班彪、哥哥班固、妹妹班昭都是著名史学家，史称"三班"。

　　班超早年跟随任校书郎的哥哥班固迁居洛阳，替官府抄写文书。但他很有志向，不甘心在笔墨间虚度一生，想以前辈张骞为榜样，去西域建功立业。后来，有人对他说："你下巴如燕，颈脖如虎，有'飞而食肉'之命，这是万里封侯的相貌！"虽然是相士之言，却让班超更加坚定了自己的信念。

　　两汉时期最大的边患是北方的匈奴。东汉经过休养生息，渐渐积蓄了力量，重新打通西域，再开张骞开辟的丝绸之路，就上升到了国家战略层面。在调兵遣将抗击北匈奴的过程中，班超遇到了自己的伯乐——奉车都尉窦固。他跟随窦固北征，任假司马之职，率兵进攻伊吾卢城（在今新疆哈密）。班超抓住这个机遇，在蒲类海（今新疆巴里坤湖）与北匈奴交战，大败匈奴白山部。窦固对班超更加倚重，决定派班超和从事郭恂一起出使西域，以断匈奴右臂。

班超召集属下三十六人，以"不入虎穴，不得虎子"的决心，火烧匈奴营帐，使鄯善归汉。汉明帝下诏升班超为军司马，命他再次出使西域。于是，班超在西域建功立业，做出了一系列惊天动地的大事：斩首于阗国巫师，招降疏勒王兜题，抚慰乌孙，攻克龟兹（qiū cí），降服莎车，智取焉耆等。班超在西域纵横三十一年，使塔里木盆地周围的五十多个小国——归汉。他还派甘英出使大秦（罗马帝国），直抵西海（里海），进一步丰富了汉朝对中亚乃至欧洲的认识。东汉朝廷采纳班超的方略经营西域，各国使节、商人不绝于途，丝绸之路又繁盛起来。公元95年，汉和帝为了表彰班超，封他为定远侯，食邑千户，后人称之为"班定远"。

永元十二年（100），风烛残年的班超上疏汉和帝求归，称"臣不敢望到酒泉郡，但愿生入玉门关"。在宫中为皇后及众妃嫔当老师的妹妹班昭也为哥哥归汉奔走，备述班超坚守西域之苦，汉和帝深受感动，召班超回朝，任命他为射声校尉。不久班超去世，享年七十一岁，葬于洛阳北邙山下。壮志已酬，叶落归根，一代名将得以善终。

纵观班超一生，他少有大志，不甘平庸，能够权衡轻重，审察事理，很受汉明帝、章帝、和帝三代皇帝的赏识，是"明章之治"军事、外交成果最重要的缔造者之一。在镇抚西域三十一年的过程中，他充分发挥了非凡的政治和军事才能，有力地贯彻了汉王朝"断匈奴右臂"的重大战略部署，争取了尽可能多的西域政治力量，达到了分化、瓦解和驱逐匈奴势力的目的。班超所到之处，战必胜，攻必取，开创了不朽的事业，为东汉王朝平定西域、促进民族融合、复通丝绸之路做出了卓越贡献。

班超有功于统一大业，是一位彪炳青史的先贤人物。他在东汉朝廷军事、经济等方面的支援下，建功绝域，将自己的名字深深镌刻在丝绸之路的历史上，这是个人抱负与国家利益高度契合的结果。班超为后人树立了智勇双全的典范，他在中华先贤人物中占据一席之地，是当之无愧的。

投笔从戎

扶风班氏

东汉永平五年（公元62）的一天，汉明帝刘庄接到一份密报，说扶风平陵有人私改班彪所撰《史记》后传。

刘庄又惊又怒。因为《史记》后传是对司马迁《史记》的补充，由大史学家班彪修纂，可说是"国史"。

一道措辞严厉的圣旨随即发往洛阳以西的扶风平陵。

初步核查的结果令人大吃一惊——私改国史的，竟然是班彪的儿子班固！

刘庄觉得事出蹊跷。他知道扶风班氏是名门望族，一门忠厚，出过许多赫赫有名的人物，其中包括辞赋家班婕妤（jié yú），她是汉成帝刘骜的妃子。修纂了《史记》后传的班彪曾在天水劝说隗（wěi）嚣归顺汉室，后来又劝河西大将军窦融支持光武帝刘秀，为汉室统一事业出了力，有功于社稷，所以被任命为徐县县令。扶风班氏家族历经几代，诗礼传家，声名显赫，而班固竟然敢篡改班彪的遗著，其中必有缘故。

刘庄决定亲自过问这件案子。他命令扶风地方官逮捕班固，将其送到京兆关押起来。

班固的被捕使班家上下陷入巨大的惶恐。在汉代，私藏史书都可以入狱，私改国史更是一项重罪，会被严加惩办。班固同乡曾经有个叫苏朗的人，就是因为编造宣传帝王受命的隐语预言而被处死的。班固的案子和苏朗的案子很相似，班家上下焦急万分，妹妹班昭甚至急得哭了起来。

此时，班固的弟弟班超站了出来，他主动请缨，决定去洛阳上书汉明帝，替哥哥鸣冤。

班超，字仲升，是班彪的第二个儿子，生于建武八年（公元32）。他为人有大志，不修细节，但内心孝敬恭谨，博览群书，善于辩论，能够权衡轻重，审察事理。他和父兄、妹妹一样，都是读书人出身，但又和他们有所区别。哥哥班固十六岁那年就进入了当时的最高学府太学，不但穷究了儒家学说，还兼采诸子百家，其志向不仅仅是做个"章句之儒"，还有更高的追求。班超读书能够贯通大义，但不喜欢深究细节，父亲班彪对他并不看好，认为班超日后难成大器。

班固被捕后，班家能依靠的，只能是这位平时干粗活的小儿子班超了。临行前，班母对班超千叮咛万嘱咐，要他一定在皇帝面前讲清班家对汉室的耿耿忠心，求得皇帝的谅解。班氏一门的命运，全部寄托在班超身上了。

班超辞别家人，快马加鞭穿华阴，过潼关，来到洛阳，向朝廷呈递了准备好的状纸，请求明帝召见。

刘庄宣班超进殿，问他："先帝将《史记》后传定为国史，这是扶风班氏的无上荣光，尔等理当珍惜才是，为何私自篡改，蔑视朝廷？"

班超从容答道："陛下息怒，扶风班氏数代受汉室大恩，永葆忠诚，不敢有丝毫不敬之心。先父曾蒙先帝皇恩，任徐县县令，因病免官后，专心史籍，发愤采集前朝历史遗事，从旁贯穿异闻，所著《史记》后传数十篇承续司马氏之《史记》，被定为国史，此班门之幸。先父病故后，家兄守孝期间翻阅先父遗稿，乃发续修之愿，以彰显汉德，启发后昆，何来'私改'之说？且家兄身陷囹圄（líng yǔ），家母日日以泪洗面，为人子者，心如刀割，恨不能分担老母忧愁之万一。班氏两代人为汉室修史，拳拳之心，日月可鉴，请陛下明察！"

刘庄倡导"以孝治天下"，甚至命令护卫他的羽林军都要背诵《孝经》。班超的这一番对答处处维护汉室，辅之以孝悌之道，显得有理有节。刘庄听了频频点头。

刘庄亲自检阅班固的书稿，不仅没有发现刻意篡改的地方，反而觉得班固才华出众，修改得很好，惊为鸿篇巨制。

刘庄说："史官是让国君明晓善恶得失的，班氏所作所为，实在是对汉室有功，不可以'私改国史'罪论处。"

于是立即释放了班固，并把他召到洛阳城，安排在校书部担任兰台令史，负责掌管、校订皇家图书。

班超告御状成功使班家上下非常欣喜，班氏家族因祸得福，班固的仕途竟然因此峰回路转。

班固做了京官后，便携白发苍苍的母亲和崭露头角的弟弟迁到洛阳，妹妹班昭此时则已经出嫁了。洛阳物价很高，日常支出大，而兰台令史的薪水却很微薄，全年只有一百石谷子，平均每月仅仅八九石。全家就靠这一点薪水维持生活，过得很清苦。班超只好"为官佣书"，接受官署的雇佣，从事抄抄写写的工作，换取一些薪酬供养母亲，以减轻哥哥的负担。

班固继承父亲的儒家正统史学观点，首先为汉光武帝写了传记，将开国皇帝刘秀刻画得形神兼备，光彩照人。刘庄审阅后，认为班固很有学识，便提拔他做了校书郎，担任校对秘藏古书的工作。

班固的这两次任职，给弟弟班超的成长创造了良好的条件。

洛阳的相面师

汉武帝刘彻即位后，派张骞出使西域，想联合大月氏（yuè zhī）共同夹击北方的敌人匈奴。

张骞历尽千辛万苦，前后共用了十三年时间。等到返回时，一百名随从只剩甘父一人了。张骞打通了汉朝通往西域的道路，即赫赫有名的丝绸之路。沿着这条路，穿过河西走廊，可通向西部的帕米尔高原，高原以西就是一个崭新的世界。

张骞这次远征虽然未能达到同大月氏建立联盟以夹攻匈奴的目的，但从此以后，汉朝的目光就开始投向那片出产汗血宝马、胭脂、香料、苜蓿（mù xu）和葡萄的土地。

张骞的远征，为后人树立了榜样。班超也想像他的先辈们那样，在这骑士的帝国、英雄辈出的王朝建立不朽伟业。

班超是那种学大意通大概的人，此前他一直以替官府抄写文书维持生计，对这种一笔一画的抄书工作非常不耐烦。一天，他实在忍不住了，把笔扔到地上，仰天长叹，说："男子汉大丈夫如果没有别的志向，就应当效仿傅介子、张骞到域外去立功封侯，哪能在笔砚中间度过一生呢？"

傅介子是西汉昭帝时期义渠（今甘肃庆阳）人，十分好学，曾弃笔而叹："大丈夫当立功绝域，何能坐事散儒！"于是毅然从军，奉命出使西域。当时楼兰帮助匈奴反对汉朝，他"愿往刺之"，杀死了楼兰王，立功而还，被封为义阳侯。

左右听了班超的感叹，都认为他口吐狂言，就都取笑他。班超则说："你们这些人，哪里知道一个壮士的志气呢！"

一天，班超前去洛阳街头找一位久负盛名的老相师相面。

在古代中国，卦士、相士发挥着人生规划师的作用。两汉时期，男子成年是要找相士相面的，也就是看他的前途如何，命理怎样，这在当时是一种风尚，上至皇帝问国事、纳嫔妃，下至平民问前程、卜生死，都要相面。

老相师认真端详了班超的面容长相，沉吟半晌，慢条斯理地说："祭酒，布衣诸生耳，而当封侯万里之外。"意思是说，您现在是普通的平民百姓，但根据相貌，一定会在万里之外封侯。

班超听了，觉得老者不像在开玩笑，忙问其中缘故，相师就指着班超的面容深沉地说："生燕颔虎颈，飞而食肉，此万里侯相也。"意谓班超相貌威武，有燕子一样的下巴，老虎一样的脖子，是能飞起来吃肉的，所以会在远方立功封侯。

相师的话，正是班超想要听到的，这无疑对他后来投笔从戎起到了暗示与鼓励作用。

过了一段时间，汉明帝问班超的哥哥班固："你弟弟现在何处？"班固说："为官府抄写文书，挣点钱养活老母。"明帝听了，觉得班氏一门忠厚，班氏兄妹都很有才华，于是任命班超为兰台令史，也就是班固以前担任的那一官职。

兰台位于长安未央宫，为汉代藏书之所。当了兰台令史的班超相当于汉王朝的中央档案典籍管理员，掌管着奏章和文书。对这个典型的文职岗位，班超不太喜欢，没有全身心投入工作当中。时隔不久，班超就因为一次小过失被免除了职务。这段从政经历虽然短暂，但班超最大的收获，就是得到了皇亲窦固将军的赏识。

　　相师的话，正是班超想要听到的，这无疑对他后来投笔从
戎起到了暗示与鼓励作用。

窦固是东汉名将，字孟孙，与班超同是扶风平陵人，年少时因娶光武帝之女涅阳公主而被任命为黄门侍郎。汉明帝时，任中郎将、骑都尉，监羽林军。后因堂兄窦穆获罪，受牵连，罢职家居十余年。当北匈奴在边境侵扰的时候，汉明帝想恢复与西域各族的联系，因为窦固熟悉边疆军事，于是拜窦固为奉车都尉，出兵西击北匈奴。

班超出生之前的公元25年，东汉刚刚建立，刘秀先后消灭了大小数十个割据势力，中原再次归于一统。后世称刘秀统治的这段时期为"光武中兴"。

但是，匈奴仍然是汉朝北方边境一枚强硬的钉子，民风剽悍，性情反复无常，西汉王朝事实上一直无法彻底制服匈奴，汉高祖刘邦曾被冒顿单于围困于白登山（今山西大同马铺山），七日不得食，只好暗中遣人向冒顿单于的夫人阏氏（yān zhī）献上珠宝以求脱身。冒顿单于听信阏氏建议，打开包围圈，汉军最终才得以解围。后来，匈奴骑兵曾侵犯到西汉上层人士重要的避暑胜地甘泉，严重威胁着西汉王朝的安全。

丝绸之路开通后，匈奴退出河西地区。到了汉光武帝建武二十四年（公元48），匈奴因内部矛盾分裂为南北二部，南匈奴归附汉朝，北匈奴则继续侵扰中原。到汉明帝时，国力已得到相当的恢复，便对北匈奴发动大规模进攻，遏制其南犯，并相机再次打通西域。

班超的机会降临了。

兵权在握的奉车都尉窦固奉命率兵讨伐匈奴时，把班超调入军中，班超从此成了窦固帐下的一名急先锋。

永平十六年（公元73），朝廷命令四万四千精锐骑兵分四路出击北匈奴。窦固率一万余大军西出酒泉，突袭北匈奴的呼衍王。呼衍王败走后，部分汉军留居伊吾卢城，汉朝在那里设置宜禾都尉。伊吾卢成为汉朝反击北匈奴的前哨。

班超在这次战斗中立了功，得到了窦固的嘉奖和赏识。

同年，窦固又一次奉命出击。大军到达敦煌时，需要分兵包抄敌人，窦固便提拔班超做假司马，带领一支分队前行。假司马的官职虽然不大，但对于班超来讲，却是人生的一大转折，因为他终于有了独立建功的舞台。

这时的班超已经四十多岁了，正是精力充沛、经验丰富、有所作为的时候。领命后，他单独带领一支人马向伊吾卢进发，配合窦固的主力，绕道进攻北匈奴的白山部。

正是严冬季节，班超带领队伍急速前进，到达伊吾卢以北的蒲类海地区，和匈奴白山部在冰天雪地中大战。班超勇猛出众，善于作战，天生就是打仗的料，在这次大战中，他展示出非凡的军事才能，指挥士卒把匈奴白山部打得大败。

窦固接到蒲类海大战的捷报，非常高兴，从此对班超更加倚重。

经过这两次反击，汉军把匈奴赶至蒲类海以北的大漠，打开了内地与天山以北的通道。

从张骞通西域后，西域各国就成为汉王朝与匈奴争夺战中的重要砝码。汉朝和匈奴的共识是：得西域者得天下，失西域者失天下。到了班超这个时代，汉与匈奴对于西域的争夺更是激烈。如果匈奴和西域联合起来，共同对付汉朝，汉朝的处境将会非常危险。

　　窦固决定派班超和从事郭恂一起出使西域，去争取西域各国，彻底打破匈奴人想要与西域诸国联合的如意算盘，取得对敌作战的主动权，再通西域。

北方的敌人

　　匈奴早就从河西走廊得到消息，汉朝即将派出使者游说西域诸国。所以，匈奴要赶在汉使之前尽快把西域诸国最东端的鄯善国（在今新疆吐鲁番）掌握在自己手中。

　　匈奴左贤王以狩猎名义潜入鄯善，与鄯善王密谋合力对付汉朝。鄯善王对西域形势的判断是，汉朝的力量还远在阳关之东，而匈奴则近在咫尺。

　　那一天，是一个沙尘天气。左贤王的人马来到鄯善国。左贤王五短身材，面有横肉，下颏留了一丛褐色的胡子，双目精光四射，一望便知是漠北草原上的一只苍狼。为了讨得左贤王的欢心，鄯善王忍痛献出了那串祖传的血胆玛瑙。

血胆玛瑙是水胆玛瑙中的稀有品种，水胆中有天然形成的红色水泡。一颗血胆玛瑙便已价值连城，成串血胆玛瑙则价值更加不菲。这串血胆玛瑙在太阳光下熠熠生辉，其中有一股鲜红色的液体如淡淡烟雾不停徘徊，是鄯善王极为珍爱之物。

仅仅一天时间，鄯善王就从匈奴身上感受到了这个草原帝国军力的强大和野狼一般坚韧的意志。

左贤王邀请鄯善王在狩猎场观礼，他带来的匈奴卫队要举行一个简短的入营式。

左贤王高坐于金色的辇帐上首，鄯善王神色不定地陪于左首。他知道这是左贤王向自己示威，但也无可奈何。

入营式开始了，五十骑精兵在帐外列队，战马打着响鼻，双蹄不停地刨着草地。马上的骑兵均着软甲，戴铁盔，右手持着马鞭，马鞭梢上或多或少地系着软皮，那是他们从敌人的首级上割下来的头皮，马鞭上头皮的多少，代表着骑兵战斗力的强弱，所系头皮越多，证明杀敌越多。敌人的头盖骨，则普遍被他们当作了饮酒的器具。为首的一名骑兵双腿一夹战马的肚子，那战马踢踏着碎步，一路小跑进入军帐，竟然是沿着一条白线，不差分毫地走到狩猎场观礼台前的。骑士右手置于左胸前，稍稍弯腰，说："大王，草原上的雄鹰等待您的检阅！"

左贤王也不讲话，抬起右手的马鞭往蓝天一指。鄯善王注意到，那条马鞭上，扎满了密密麻麻的人头皮。鄯善王不由倒吸一口凉气。

为首的骑士掉转马头，朝帐外大喝一声："发！"

听到号令的匈奴骑兵一齐抖动缰绳，早已不堪拘束的战马一声嘶鸣，每排五骑，向狩猎场奔来，马蹄的得得声像擂响在大地之上的战鼓。匈奴骑兵沿着狩猎场高速奔跑，卷起的尘土使他们如腾云驾雾一般。

鄯善王发现，匈奴骑兵即便在高速奔跑时，也保持着纵横队列的整齐，真是一支训练有素的铁骑。

忽听空中一声绝响，一支鸣镝尖利地呼啸着，向匈奴骑兵队列中射去。

鄯善王吃了一惊：左贤王这是要干什么？难

道，他要射杀自己的手下？

说时迟，那时快，不容鄯善王多想，左贤王的鸣镝准确地射进了匈奴骑兵团中最后一匹战马的脖子，那马大叫一声，后腿人立，将马上的骑士掀了下去。

鄯善国的将士们还没有反应过来是怎么回事，不可思议的一幕发生了。

只见匈奴骑兵团的其他四十九骑突然作二龙出水状四散开去，将那匹负伤的战马团团围住，四十九名骑士弯弓搭箭，弓弦响处，箭如飞蝗，一齐射向中间的战马，顷刻间，那匹战马变成了一个箭垛子。

鄯善王明白，左贤王刚才射出的鸣镝，是匈奴的冒顿单于发明的，从冒顿单于开始，匈奴就将"鸣镝所射而不悉射者，斩"作为一条铁的纪律，凡部下有不跟着射响箭所射目标者，立即处死。哪怕这个目标是将帅的坐骑甚至是将帅宠爱的妻子。鸣镝铁律使一些匈奴兵士不是死于战场，而是死于训练场。但正是这一铁律，树立起了匈奴军人的铁血威风。

左贤王长啸一声，四十九骑收弓完毕，列成一个方阵，纹丝不动。为首的骑兵带着所有骑兵一起高歌，似乎在对整个塔里木盆地和即将到来的汉使班超示威：

　　　　我们是苍狼的子孙，
　　　　上天赐予我们强壮的筋骨。
　　　　弯刀是我们的牙齿，
　　　　战马是我们的翅膀，
　　　　阳光下所有土地都是我们的牧场。
　　　　苍狼的子孙，
　　　　伸出手去拿，
　　　　这都是上天赐予我的。
　　　　我是天生的狩猎者，
　　　　催动战马，
　　　　踏过高山和原野，
　　　　在白骨和尸体上竖起我们的战旗，
　　　　别听弱者的祈求与哭泣，
　　　　烈火焚烧过的地方很快就会长满青草，
　　　　…………

帐前请命

出玉门关西北七百五十里，便是雄伟的伊吾卢城，西域距离汉朝最近的大城。

铁马叮当，朔风怒号。匈奴人的旗帜刚刚从伊吾卢城撤走，杀伐的气息渐渐消退。英雄的奉车都尉窦固大破匈奴后，屯兵于此。夕阳尚未落山，微风过处，沙山上传来各种声响，时起时伏，或如雷鸣高亢，或如牧笛悠扬，这辽阔的疆域与奇妙的天籁令将士们感到无比新奇。

营帐内，窦固和班超正在讨论军情。窦固指着地图对班超说："丝路出玉门关进入西域之后，分为南北两道，两道之间有大漠相隔，在疏勒（在今新疆喀什）汇合后进入葱岭（今帕米尔高原）。多年来，匈奴一直在这两条道路上滋事，阻断东西商旅。我大汉进军西域，其意何在？"

班超朗声道："平匈奴，定西域，通贸易，强国力！"

窦固颔首称是。在他的心目中，班超不仅具有极强的战斗力，而且深具战略眼光，能当大任，可成大事，堪加重用。

窦固说："我军占据伊吾卢之后，截断了匈奴经北道东端的南下之路，但匈奴仍然可以从北道的焉耆（在今新疆巴音郭楞）、龟兹（在今新疆阿克苏）、莎车（在今新疆喀什）等部，辗转经过疏勒，进入南道，向南道的于阗（在今新疆和田）、鄯善等部收税，干扰东西贸易。我军即便北进攻下车师，也并不能截断这条路线。这如何是好？"

帐中诸人陷入了沉思。

窦固认真观察地图，又道："疏勒是南北两道西端的汇合处，也是天山之南的咽喉。得疏勒则满盘皆活，失疏勒则满盘皆输。我等当兵分两路，既攻车师，又取疏勒，彻底断绝匈奴的粮食、盐、铁的供应，匈奴人才会为了生存而归附我大汉。如此，西域可定！"

班超击掌大喊："得疏勒则满盘皆活，失疏勒则满盘皆输，好一着妙棋！"

两人相视大笑起来。

窦固、班超所言不虚，用今人的眼光看，疏勒也就是现在的新疆喀什地区，恰好处在喜马拉雅山脉、帕米尔高原、天山山脉和兴都库什山脉的交会点上，战略地位非常重要。

窦固又问："何人可出使南道，平定疏勒？"

班超说："末将愿出使南道，劝说南道各部脱离匈奴，令疏勒归附我大汉。"

窦固说："如此甚好。需要多少兵马？"

班超说："末将只需三十六骑。"

窦固惊讶地说："三十六骑恐不能拿下南道，匈奴的势力密布南道，万万不可大意啊！"

班超说："将军放心，兵不在多，而在精，三十六骑用于南道足矣！"

窦固说："既然如此，你可任意挑选三十六名勇士出征！"

从事郭恂在窦固的安排下，也参加到队伍当中。班超要出使的西域共有三十六国，他挑选的勇士也是三十六人。队伍中有车士、射声士（能在黑暗中闻声而射，百发百中）、执矛、箭卒、军匠、轻车士、刀卒、骑卒等，合则如一，分则各司其职。他们身穿黑铁甲，头戴乌铁盔，骑着或如黑炭或如白雪或如红绸的良马，手持丈八长矛或环首刀，身佩弓箭，无不身高体壮，面容坚毅，是汉王朝西北前线的一支精锐，轻、快、灵、准，战斗力奇强。他们进如刀，退如盾，如同在西域大地上刮过的一阵旋风。

临行前，窦固将自己的赤炭火龙驹赠送给班超当坐骑。这是大宛国进贡给汉朝的一匹汗血宝马，头细颈高，四肢修长，全身是纯红色的，四蹄则点缀着一圈白色的毛发，奔跑起来疾如闪电，仿佛一道红光，而四蹄的白色毛发则像四朵白色的云彩。出产于西域的汗血宝马可装备强大的兵力，各方为了得到汗血马甚至不惜发动大大小小的战争。这种奔跑起来会排出红色汗水的"天马"，珍罕无比，在汉朝人眼里，拥有了汗血马的将军，就像长出了翅膀一样。

西域的风景与中原有很大区别，傍晚时分，太阳西沉，风静沙平，雁阵悠悠掠过天空，戈壁一片苍茫。突然，急促的马蹄声像一阵大风，又像大地上擂响的战鼓，自远而近掠过来。

在伊吾卢通往鄯善的古道上，装备精良的大汉

临行前，窦固将自己的赤炭火龙驹赠送给班超当坐骑。

使团正在急行，他们身佩的银枪和护心镜在落日的余晖下射出锐利的光芒。

对班超而言，以使者的身份出使，这是第一次。对朝廷而言，向已经隔绝了六十余年之久的西域派出使者，也是第一次。班超深知窦固将军对自己寄予的殷切期望，窦固出发前的谆谆告诫似乎还在耳边回响。这次行动只能成功，不能失败。联想到自己投笔从戎、效力边疆的远大抱负，回头望望身后精干的亲兵，班超一时有些兴奋。

不知谁唱起了慷慨激昂的战歌《无衣》：

> 岂曰无衣？与子同袍。王于兴师，修我戈矛。与子同仇！
> 岂曰无衣？与子同泽。王于兴师，修我矛戟。与子偕作！
> 岂曰无衣？与子同裳。王于兴师，修我甲兵。与子偕行！

歌声回荡在山谷里，一时群情激昂。

班超手搭凉棚，朝着夕阳坠下的地方望去。隔着中间的鄯善国、于阗国，他似乎已经望到了葱岭脚下的疏勒。

出使西域

骑墙的鄯善国

班超出使西域，第一站是鄯善国。

鄯善国西出阳关一千六百里。其前身就是楼兰国，都城在扜（wū）泥城（在今新疆若羌）。

对大汉而言，西域三十六国之一的楼兰，更像一个传说。楼兰国与大汉之间，有扯不断的爱恨情仇。大汉以前，中原人根本不知道楼兰国的存在，直到张骞走出阳关，来到美丽的塔里木绿洲，才惊奇地见到了楼兰。

这是一个活动于罗布泊以西、塔里木盆地东部的部落。西南通且末、精绝、拘弥、于阗，北通车师，西北通焉耆，东当白龙堆，通敦煌。一望无边的沙卤地上，生长着葭苇、柽（chēng）柳、胡桐和白草等，这个设有辅国侯、却胡侯、鄯善都尉、击车师都尉、左右且渠、击车师君和译长的国家，自认为已经汉化，所以称其他部落为"胡"，把掌管防务的官员称为"却胡侯"。他们的耕地稀少，百姓以畜牧为生，逐水草而居，有驴马，多骆驼。楼兰人有深深的眼窝，大眼睛，低颧骨，高鼻梁，相貌与汉人大不一样。他们说着古怪难懂的语言，用芦苇杆、胡杨、红柳作为写字用的笔，写出的文字就像蝌蚪一样，外人无法识别。

楼兰国先后受月氏和匈奴统治。张骞通西域后，他们就一直在汉与匈奴之间左右摇摆，有时充当匈奴的耳目，有时归附于汉朝，周旋在汉和匈奴两大势力之间，艰难地维持着它的政治生命。由于地处汉与西域各国的交通要冲，汉王朝不能越过这一地区去打匈奴；同样地，匈奴如果不假借楼兰的力量，也无从威胁汉王朝。因而，汉和匈奴这两大集团对楼兰都尽力实施怀柔政策。楼兰国每年有一大半时间需要分别接受匈奴与大汉的游说。

西汉元凤四年（前77），班超所佩服的傅介子受汉朝派遣，刺杀了楼兰王。楼兰从此改国名为鄯善，并且在汉朝与匈奴的双重压力下，迁都扜泥城。与此同时，随着塔里木盆地水系向罗布泊输送的水资源日渐减少，鄯善国也从以游牧为主转向以农耕为主，服装也汉化了。

为了在二者之间找到恰当的平衡点，鄯善国惯用的手段是：各向两国派遣一名太子作为"质子"，也就是人质。这些人质，去匈奴或汉朝，一去就是几年甚至十几年，往往有去无回，但也因此能为鄯善国争取到几年中立国的平静时光。

现在，鄯善还抱着对汉朝友好的态度吗？

进入塔里木盆地后，班超和他的勇士们猛然感到眼前一亮——广袤三百余里的罗布泊水平如镜，这个在先秦典籍《山海经》中被记载为"幼泽"的大湖泊据说像人的一只耳朵，塔里木盆地诸水系的水源源不断地注入这只耳朵，使之像仙湖一样闪着银光，散发着迷人的气息。沿岸是遍地的绿色和金黄的麦浪。和煦的阳光下，成群的野鸭在湖面上玩耍，鸥鹭及其他小鸟欢快地歌唱。

"司马，前面有一条大河，水质清澈，马累了，是否稍事歇息？"

"探清是什么河，是否为匈奴控制。"

"司马，是鄯善国的孔雀河。黄羊在河边饮水，并无异常。"

众人于是在孔雀河边安顿下来。

孔雀河源自西海（今新疆博斯腾湖），注入罗布泊，全程无支流。赤炭火龙驹和其他战马已跑了半天，又困又渴，此番见到河水，欢快地打着响鼻，伸长脖子，喝得非常痛快。战马是军人的第二条生命，看着赤炭火龙驹惬意的样子，班超感到莫大的欣慰，他饶有兴味地说，孔雀河者，饮马河也！

孔雀河谷的居民从此便把这条母亲河叫作"饮马河"。

一夜急驰，班超和随从都很累。他于是命令一行人在道旁的一排胡杨树下稍事休整。众人席地而坐，为防止遭受敌人的突然袭击，他们围成了一圈。

班超给勇士们鼓劲说，鄯善是此次受命西行的第一站，处在西域南北两道的要冲。要想得到疏勒，必先得到鄯善，这样才能复通西域，完成斩断匈奴右臂的任务。

大家最后议定，首先派人面见鄯善王，呈上大将军窦固的书信，并向其宣扬汉德，以观其效。然后分头了解鄯善的各位大臣对大汉的态度，暗中考察鄯善国兵马分布，做好两手准备。最好通过游说的方式解决问题，如果游说无效，确需动武，则要当机立断，速战速决。

一行人继续向鄯善方向驰去。

鄯善国的国王数天前接到通报，知道班超的队伍已经进入了鄯善境内，便派人在关卡处迎候。

自从张骞通西域以来，西域和汉朝不通音信已有六十多年。在汉军重返西域之前，鄯善正在和车师部争夺对大漠以东各绿洲的控制权，汉军追击匈奴进入大漠，鄯善部立刻从北方撤回了部队，密切关注着汉朝和匈奴的动向，思考下一步的行动。班超来到鄯善国时，鄯善王刚和匈奴左贤王见了面，为了讨好匈奴，还损失了珍宝血胆玛瑙。他既想归附汉朝，又想归附匈奴，正处在举棋未定之际。

鄯善王怀着复杂的心情，在扜泥城外等候班超一行。

　　美丽的孔雀河与塔里木河交汇之处，便是扦泥城。扦泥城平面略呈方形，城内房屋用土坯建成，以粗壮的木础支撑，饰以雕镂精细的木板。此时的鄯善已渐渐汉化，鄯善人向往"延年益寿，大宜子孙""长寿光明""长乐光明""长葆子孙"，开始使用瑞兽纹、瑞禽纹、波纹锦作装饰。

　　在鄯善人的引导下，班超的队伍来到扦泥城下。鄯善王为班超一行安排了隆重的入城仪式。看着面前这个威武的汉子，联系到这个汉子身后广阔的中原腹地，以及他们明光闪闪的铁马金戈，鄯善王感受到了巨大的压力。

　　班超也在打量着鄯善王。面前这个头发灰白的老人，看上去如此困顿、无奈和软弱。但是，绝不能因此低估鄯善国为了生存而采取的策略。他的软弱，事实上就如水一般强韧：鄯善人从他们的先辈楼兰人那里，继承了塔里木盆地的豪华绿洲，他们视水为生命。鄯善有水则生，失水则亡；鄯善向水则胜，去水则败。夹在两大势力中的鄯善，凭借水一样的韧性，艰难求存。

侍者献上奶茶，宾主双方落座。班超向鄯善王行礼，鄯善王还礼。双方脸上都挂着有节制的笑。

随从田虑递来一个黄色的锦盒交给班超，班超起身对鄯善王说："这是当今我大汉天子托窦固将军送给您的礼物，窦固将军派末将专程驰送，请过目。"

鄯善王打开锦盒，取出一卷长轴。长轴徐徐打开，原来是一匹巨大的黄色丝绸，色泽鲜艳，飞云流彩，即便放在原产地汉王朝的宫殿，也绝对算得上是上等的成色。

此时的西域，丝绸是主要贸易产品。丝绸既是奢侈品，又是政治权力和社会地位的象征，从某种意义上讲，丝绸还是一种最值得信赖的通行货币。因为在汉朝，丝绸与钱币、粮食一样可以用来支付军饷。

"大王，我大汉是产丝之地，这匹丝绸，需要蜀地的十二名织女连续劳作半年以上才能织就。鄯善和大汉世代友好，鄯善是孔雀河畔的伟大部落，我大汉本应与鄯善勤于走动，无奈近几十年因王莽篡汉，西域隔绝，致使两国不通信息。今日大汉复兴，四夷咸服，窦固将军受大汉皇帝之命坐镇河西，志在复通西域，今日派我等前来示好，特携上等蜀锦一匹，请大王笑纳。"

班超这番话大方、得体，说的是漂亮的外交辞令，明是送礼，实则展示大汉的实力，鄯善王哪能不懂言外之意。

鄯善王说："太珍贵了，本王一定要用这匹丝绸做两套朝服。"

从事郭恂说："大王，一人穿丝绸，何如一邦穿丝绸？一邦穿丝绸，何如一国穿丝绸？鄯善田丰水足，设若能如我大汉种桑养蚕，何愁举国没有丝绸？"

鄯善王早就知道，在大汉王朝那里，食货两者是生命之本，不仅施行减赋政策，奖励农业生产，提倡食货并重，而且明确把蚕桑放到农业生产的第二位，位于畜牧业之上，并以农桑为衣食之本。鄯善王对大汉重视农业内心充满了敬佩，他对派往汉朝的质子寄予的唯一希望，就是假如有朝一日他们能够返回鄯善，可以带回来先进的农业生产技术。

班超随后向鄯善王表达了近些年汉朝对西域诸

国特别是对鄯善国的关心，希望鄯善国一如既往忠于汉朝，不要对匈奴俯首听命。

鄯善国的一些大臣们显然不太满意大汉使者的话，但客人在座，鄯善王又不发话，群臣一言不发，只是沉默。

班超又说："西域各国在大汉西域都护的管理之下刀剑入库，马放南山，兵戈不起，天下太平。后因汉朝政乱，匈奴乘虚侵扰汉边，又对西域诸国盘剥日甚，南下之欲渐强，大汉忍无可忍，遣使欲打通西域，维护大汉边关安宁，以利各国友好，西域亦可休养生息，人民安居乐业，请大王深思。"

鄯善王说："鄯善国从来都是只忠于天汉，天汉把北匈奴赶出大漠，鄯善部落再也不用看匈奴的眼色行事了，此鄯善之幸！"

在鄯善王的眼里，天山还是那个天山，西海还是那个西海，使者还是那个使者。今天来的是大汉的使者，明天来的也许就是匈奴的使者。丝路很长很长，而杀伐和争斗很近很近，先稳住他们再作计较吧。

夜 宴

晚上，鄯善王设盛宴为班超接风。

鄯善国的宴席非常丰盛，摆在班超一行面前的有炒野兔、烤黄羊、蒸沙狐等野味。

鄯善王双手击掌，帏幔后闪出一名戴着大耳环的少女，躬身来到鄯善王面前。鄯善王对其耳语几句，少女转身，耳环叮当，不绝如缕。

班超马上警惕起来，悄悄问田虑："他们在说什么？"田虑年轻时曾跟随叔父在丝绸之路上做陶瓷生意，大致懂得西域各国语言，他似乎听到鄯善王让少女去后宫拿葡萄酒。班超这才放下心来。

又是一阵耳环叮当，如玉佩相撞，听上去声势甚为浩大。伴着踢踏的脚步，先前领命而去的少女领着一大群年轻女子从后宫走来，每个女子都戴着巨大的耳环，形制各异，蔚为壮观。她们都抱着一个泥坛。一坛，又一坛，一共抱来十八坛。少女们把酒坛置于当地，颔首，鞠躬，逶迤而去，清脆的叮当声逐渐消失在后花园。

葡萄酒！

田虑惊讶得差点喊出声来。汉军军纪严明，窦固和班超又不嗜酒，平时军士连中原米酒都不能喝。田虑做陶瓷生意时喝过葡萄酒，对那种芳香浓烈的感觉印象极深。

鄯善王站起来说："这批葡萄酒藏于后宫已近三年。这是塔里木诸神赐予我们的甘露，来自月亮的圣树——葡萄树。如此珍贵的甘露，鄯善人不敢独享，否则塔里木诸神会怪罪我们。尊使一路颠簸，鞍马劳顿，我等就用十八坛葡萄酒为各位接风洗尘吧！"

一路之上，班超确已看到了成片成片的葡萄园。葡萄酒是西域的特产，早已传入中原。但班超从没饮过葡萄酒。他看到西域人大桶大桶地喝葡萄酒，总喝得酩酊大醉，连守城的士兵也不例外。胡人奢侈，厚于养生。此番在西域境内，算是亲眼所见了。

十八坛葡萄酒接风，是楼兰国传至鄯善国的最高待客礼仪。说话间，十八个酒坛的泥封被乒乒乓乓地开启，一股酒香在大殿里弥漫开来。

班超担心酒里有诈，正琢磨如何应对鄯善王的盛情。田虑看出了他的心思，悄悄地说："酒是好酒。西域各部落即便是对待敌人，也从不会在葡萄酒中使诈，看到了醉酒的敌人，也不乘虚攻击。他们认为葡萄酒是神的赐予，是以不敢亵渎。我行走西域多年，从未因酒失事，将军尽可放心。"

班超不自然地冲田虑笑笑，为自己的疑虑感到羞愧。大汉民族有一些人无视信义，习惯在背后使用小伎俩，使人不得不生提防之心。这种提防心原是不该带到西域来的。

一溜夜光杯摆了上来，葡萄酒徐徐注入杯中，闪着深红色的光泽，旋起一个小小的波浪，散发着葡萄的清香。

游吟诗人一般的鄯善王端起酒杯，环视四周，带头高歌：

　　　让我们吆喝着各饮三十杯，

　　　让我们欢乐蹦跳，

　　　让我们如狮子一样吼叫，

　　　忧愁散去，

　　　让我们尽情欢笑

　　　…………

起初，是鄯善王一个人在高歌，唱到中间，是所有的鄯善人在高歌。这是一首古老的民歌，班超虽然听不懂他们在唱什么，但情绪也因此受到很大感染，禁不住和着他们的节奏一同狂欢起来。然后，他和鄯善王共同举杯，一饮而尽！

　　一种神奇的清凉伴着略有些生涩的酒香像塔里木绿洲的阳光从体内穿越而过，与中原用粮食酿造的烈酒大不相同，葡萄酒后味无穷。这一刻，班超已经爱上了西域。

　　鄯善的国宴令班超一行大开眼界的，是饮食中暗藏的机关，这种机关是美味套着美味，进食的过程就像探险：一大只黄羊的肚子里藏着一只烤熟的小羊羔，小羊羔的肚子里又藏着一只烤好的天鹅。天鹅是在塔里木河畔捉到的，是鹅中珍品，体形硕大，肉质鲜美有韧性，属禽肉之王，香气十分浓郁。班超以为吃完天鹅，这顿国宴就可以接近尾声了，谁知道吃完天鹅后他才发现，天鹅的肚子里还藏着一只烤好的鹌鹑！

　　看着班超一行吃惊的样子，鄯善王不无得意地介绍说，这鹌鹑也是塔里木河的特产，生长在茂盛的芦苇荡里，烧烤时使用了来自西方的茴香，所以味道更纯正，更鲜美。鹌鹑虽小，但其肉可补五脏，益中气，实筋骨，耐寒暑，消积热。在鄯善国，只有尊贵的国宾才可享用此等美味。

班超原以为河西走廊以西的人只懂得生吃牛羊肉，饮食粗放，今日见了，方觉其精细程度，不在汉地之下，真是大开眼界，不由啧啧称赞。

在喝酒的疆域，暂时没有敌友，没有你我。巨大的欢呼声中，班超和各位将士频频举杯。

但是，不能这样没有节制地海饮下去啊。班超，你是谁，从哪里来，要干什么去？

班超闭上眼，脑海中出现了一幅完整的西域疆界图。微风吹来，班超猛地惊醒。

在鄯善国浩大的酒歌声中，班超轻轻哼起了汉军的军歌。血染战袍，是男儿衣；马革裹尸，是英雄冢。是的，他是一名大汉的军人。他要把那些分别叫鄯善、于阗、疏勒、莎车、龟兹的国家一一走到，代表大汉朝廷用目光和脚步默默丈量它们。丝路南北交界处的疏勒，才是他此行最重要的目的地。一杯葡萄酒在鄯善迎候了班超，那么，必有另一杯葡萄酒在疏勒等他举杯。

疏勒，等我。

宴罢，鄯善王说："请尊使早些回驿馆歇息吧。"

班超说："大王用塔里木的最高规格接待末将，盛情着实可感，容我等他日回请。鄯善为生民计，弃匈奴而向汉，当信守诺言。果如此，塔里木诸神都会赞扬大王的！"说罢告辞，回了驿馆。

班超走后，鄯善国的群臣还在殿中狂欢。他们高声歌唱，欢快跳舞，有人甚至砸了装酒的泥坛，现场一片狼藉。突然有探子来报：匈奴使者已经距扜泥城不远，声称明天要面见大王。

鄯善王一惊。他明知这一天迟早会到来，却没料到来得竟如此迅速。

歃 血

数天前，单于的营地，胡笳声声，羯（jié）鼓阵阵，匈奴单于正在这里祭天、授旗。高耸的祭台前，十二个部落的骑兵队列整齐排列着，他们不穿铠甲，只穿羊皮制成的皮衣，腰间紧束着一根皮带，骑在配有马镫和马鞍的骏马上，显得威风凛凛。

一阵节奏明快的鼓点自帐外响起，一名大祭司缓步从单于的圆顶帐篷中走向祭台。在他身后，北匈奴单于率领匈奴贵族、将领、各部落酋长等数十人出现在场中。大祭司登上祭台，率领台下的人向众神祇祭拜，然后由单于向北匈奴的十二个部落授旗。匈奴的军旗白底红边，旗后飘着长长的、红色的旒（liú）带，每面旗上按部落命名的兽类图像，用彩色丝线绣成。

在骑兵们"撑犁孤涂单于"的呼号声中，匈奴单于登台训令。

匈奴的首领称单于，是"广大"的意思，国人称之为"撑犁孤涂单于"。"撑犁孤涂"意即"天子"，"撑犁孤涂单于"就是由天地所生、与日月同辉的匈奴之王。

单于说："我的臣民们，自冒顿单于以来，我匈奴强盛已有数百年了。现在，我们要到天山去。为了到达天山，占领那里的大好牧场，好吃的食物要给能打仗的年轻人，年老和疾病将被视作耻辱！"

台下的匈奴骑兵马上呼应，他们有节奏地喊："撑犁孤涂单于！撑犁孤涂单于！"

单于说："我们现在就跃上马背，越过天山，直到占领疏勒！风沙吹打着我们的脸，胆小者将被踩在马蹄下！我们要把敌人的血洒在神圣的弯刀上，我们还要喝一杯敌人的血！"

匈奴士卒高喊："撑犁孤涂单于！撑犁孤涂单于！"

他们端起酒碗，一饮而尽。然后，由匈奴左贤王率领的大军，蹄声隆隆地朝鄯善、疏勒方向开进了。

几乎就在班超到达鄯善国的同时，由北匈奴单于派出的北匈奴左贤王也抵达扜泥城外，并派出左大将呼衍胜召见鄯善王。

匈奴以左为尊，所以左贤王的地位仅次于单于，一般是单于的候补人选，因此常常由单于称心的儿子担任。贤王以下，分别设有谷蠡王、大将等职务，分别隶属左右贤王。他们的地位高下顺序是：左贤王第一，右贤王第二；左谷蠡王第三，右谷蠡王第四；左大将第五，右大将第六；左大都尉第七，右大都尉第八；左大当户第九，右大当户第十。左右贤王有固定的游牧地域，他们手下的谷蠡王等高官也有相对固定的驻牧之地。

呼衍胜身材矮胖，双肩很宽，短粗的脖子上长着一个硕大的头颅，留着粗硬的黑发和稀疏的胡须，鼻子扁平，一双黑眼睛锐利而阴鸷（zhì）。呼衍胜的装扮，是典型的匈奴军人的行头，甚至像极了他们匈奴的领袖冒顿单于。

呼衍胜身后的士兵，高擎一面旗帜，上面绣着一只威武的独耳黑狼。

呼衍胜的肩上，还停着一只隼鹰。它从群峰间飞来，在高空盘飞两大圈后，敛起翅膀轻盈地落在呼衍胜肩上。这是一只凶猛的、善于扑叼猎物的隼鹰，一双青黄透明的眼睛透着十二分的机灵，当它在高空盘旋、伺机捕食的时候，可锁定大地上一个小黑点，发现兔子等猎物后，它会像箭一样凶猛迅捷地从半空直扑下来，几乎从不失手，并会把猎物储存在只有它知道的地方。

呼衍胜一行的到来，使鄯善国上下高度紧张。鄯善国王宫的卫士们站在远处交头接耳，议论着这位不速之客。

呼衍胜被迎进扜泥城的会客厅。鄯善王表现出非常惊喜的样子，高举双手迎上前去，向匈奴使者行鞠躬礼，嘴里连连说："有失远迎，有失远迎！"

呼衍胜的眼睛陷在黑洞似的眼眶中，锐利的目光时刻警觉地注视着前方。游牧民族鹰一般的眼睛习惯于环视广阔的草原，能够分辨出现在远处地平线上的鹿群或野马群。

他身后的随从腋下夹着一把胡床，也就是交椅，随从把交椅放到地上，打开，安放到呼衍胜身后，呼衍胜弹弹长袍上的尘土坐了下来。鄯善王始终弯着腰，他一点都不敢轻视这个小个子匈奴人。

鄯善王知道匈奴使者会问他什么问题，说什么话。对他而言，这些话听得都已经很多了。果然呼衍胜说："听说汉朝的使者是班超，我们已经在伊吾卢交过手了，他是不是还在贵国游说啊？"

鄯善王宫中陪同迎接匈奴使者的大小官员面面相觑，鄯善王硬着头皮应付道："尊使的消息真是灵通，汉朝的使者正是班超，正在敝国。"

呼衍胜说："那，贵国想必已经认下汉朝这个亲戚了吧？"

鄯善王说："岂敢岂敢，敝国只想在汉匈之间求得中立，谋一立锥之地。贵国与汉朝，敝国均尊为贵宾。"

呼衍胜听了，霍地站起来，眼睛中闪着凶狠的光，说："汉匈不共戴天，塔里木盆地有汉无匈，有匈无汉。左贤王今日派我前来，就是想要鄯善王一句话：是和草原上伟大的天之骄子坐下来一起饮酒呢，还是要和汉朝狼狈为奸，激怒我们伟大的单于，而使塔里木盆地血流成河呢？"

大殿内空气十分紧张。呼衍胜根本不想和鄯善王谈判，直接向鄯善王摊牌了。鄯善王怔了怔，但脸上始终堆着笑："尊使莫急，只要匈奴保证鄯善国泰民安，鄯善随时恭候大单于驾临孔雀河。"

呼衍胜说："我们伟大的冒顿单于说过，我匈奴人的牛羊走到哪里，哪里就是匈奴人的疆界。现在，我匈奴人的牛羊已经到了天山，天山便是匈奴人的疆界，对此，你们还在怀疑吗？"

鄯善王频频点头。他知道那个把鸣镝射向自己父亲的冒顿单于。匈奴使用的是猎猎狼旗，旗帜上那只独耳黑狼，就是冒顿单于画上去的。据说冒顿死后，葬于天鹅湖中，下葬时成千上万只白天鹅遮蔽湖面，久久不散。

在这个强悍的草原苍狼面前，像孔雀一样软弱无力的鄯善只好左右屈就了。鄯善王于是答应呼衍胜，鄯善国受匈奴节制可以，但须签订盟约。呼衍胜看到出使鄯善的目的即将达到，略略考虑片刻，又与手擎独耳狼旗的仆从耳语一阵，答应与鄯善国修盟，以达到节制西域诸国、抗衡大汉的目的。

事不宜迟。鄯善王马上吩咐属下准备修盟仪式。

一切准备停当，鄯善王及众大臣和呼衍胜的随从一同登上鄯善城外的东山，双方分作两排，站在香案前。不远处，一匹白马早被拴在木桩上。鄯善王一声令下，士兵手挥尖刃刀刺向白马的脖子，白马长嘶一声，前蹄高高扬起，鲜血从伤口喷射而出，就像一道红色的瀑布。白马负痛而鸣，声震山谷，闻之让人不寒而栗。鄯善王及众大臣一齐低下头去，呼衍胜和他的随从眼中却流露出嗜血的渴望来。

鄯善国的士兵用大盆接了白马流出的鲜血，端到几案前。士兵把鲜血分成两份，倒入两只瓷碗，分别端到鄯善王和呼衍胜面前。呼衍胜看着那只瓷碗，脸上露出不屑的神色说："等等！"

他朝身后一挥手，一个匈奴兵马上解下腰间的布包，取出一样物事呈上前来。那是一个半碗形的金黄色的器具。

鄯善王认得，这器具便是冒顿单于发明的头盖骨饮器。匈奴人常把敌人的头盖骨沿眉毛处锯开，在外面蒙上皮套，里边嵌上金片，作为饮器使用。他们西边的邻居月氏王的头颅，不幸就是被老上单于当作战利品，制成了酒器。不知道这位匈奴使者，又把哪位敌人的头颅制成了饮器。鄯善王想：也不知道自己的头颅，今后会不会稳稳当当地长在自己的项上。

一切准备停当，鄯善王及众大臣和呼衍胜的随从一同登上
鄯善城外的东山，双方分作两排，站在香案前。

香燃起来了，在严肃的气氛中，鄯善王端起碗，与呼衍胜端着的人头骨饮器碰到一起，双方互相承诺，绝不背叛自己的盟友，如若有违，便是死无葬身之地的下场。

他们把手中的血碗高高地端起来，一饮而尽。四周响起满怀心事的稀疏的掌声。

火烧鄯善

班超一行刚到鄯善的几天，鄯善王殷勤款待，礼遇甚周，过了几天，鄯善王躲避不见，馆吏对班超一行的态度也明显冷淡了。鄯善国弥漫着一股不可说与外人知的神秘气氛。

"真奇怪啊，鄯善王一定变卦了。"班超十分机敏，很快就发现了鄯善王的这一变化，他告诫部下："诸君可知鄯善薄待我等，是何原因？必是北匈奴有使者来，鄯善王左右摇摆，无所适从。我等此行身负重任，来到敌属之国，必须时时提高警惕，处处小心在意，倘若完不成朝廷交付的任务，不仅有负朝廷、窦将军的重托，还可能危及我等性命，当慎！"

从事郭恂听了满不在乎地说："此等西域小国，礼数不全，何足挂齿。待我明日面见鄯善王，数落一通，早日签订和约即可！"说罢自行前去歇息。

这时鄯善侍者恰好来送酒食，班超出其不意地问他："听说匈奴使者来贵国已有数天，而且去了东山。东山风景很好吗？"

侍者已得到鄯善王的专门嘱托，要严加防范班超在匈奴尚未离开时滋事，最好将他们软禁在驿馆，待匈奴人走后再作打算。现在，班超似乎已经发现了鄯善与匈奴盟誓的事情，再瞒无益。侍者仓促间难以置词，只好把情况照实说了。

班超点点头，赞许地对侍者说："想不到孔雀河畔还有你这样的义士！"

侍者受到称赞，一时立功心切，主动透露了一个极其重要的情报：北方的苍狼今晚要包围汉使所在的驿馆，准备截杀汉使！

班超大惊，向侍者表示感谢。但为了不走露风声，班超下令把侍者关押起来，事成后再予以释放。

班超迅速采取措施，召集部下一起饮酒，但没有通知郭恂参加。部下虽然不明白班超为什么请大家喝酒，但有酒喝总归是好事。于是，大杯小盏痛饮起来。

饮到酣处，班超故意激怒大家，他说："我们来到西域，就是为了立功报国，现在鄯善王优柔寡断，因匈奴使者的到来而慢待你我，我们都已身处绝境，生死难卜。鄯善王如果把咱们捆绑起来送给匈奴单于邀功请赏，咱们便要身首异处，尸骨抛撒异乡了。当此生死关头，如何是好？"

部下闻言，都愁眉苦脸地说："今在危亡之地，只得甘苦同享，死生愿从司马！"

班超闻言奋然而起道："不入虎穴，不得虎子！当务之急，也是唯一的办法，就是在今夜火攻匈奴，对方不知我方虚实，必定心生恐惧，正好趁此一举将其歼灭。拿下匈奴使者，鄯善国王的后顾之忧就解除了，必会死心塌地忠于天汉，如此，则功成事立矣。"

众人听了，又有些犹豫不决，有人提议是否先与从事郭恂商量一下。班超大怒，说："我们生死与否就取决于今天晚上，郭从事不过是一介文官，听到如此重大的行动，恐怕得吓个半死，一旦泄露了消息，我们这些人会死得更快，并且连名字都不会留下，你们怎么一点儿大丈夫的英雄气概都没有呢？"班超此时用的仍是激将之法。

众人见主帅面带怒容，决心已定，已经没有商量的余地了，况且他们也没有别的更好的办法，加之酒助英雄胆，众人的豪情壮志瞬间被激发出来，于是纷纷表示愿意和班超同生共死。

班超命吏士们整束停当，待至半夜，直扑匈奴使营。正是八月秋高之际，夜幕低垂，北风骤起，吹彻毛骨，有人面有惧色，班超对他们说："这正是天助我等，尽可放胆前行，不要担心！"说着，命令十人持鼓，绕到匈奴使营的后面，悄悄叮嘱道："一见火光，就鸣鼓大呼，不得有误！"十人领命而去，剩下的人拿着刀枪弓弩埋伏在大门两边。

此时，整个扜泥城早已进入梦乡，只有西域独有的枭鸟的瞳孔在月光的照耀下闪着诡异的光芒，偶尔发出两声瘆人的叫声，越发增添了扜泥城的寂静。

安排已毕，班超顺风纵火，一时战鼓齐鸣，杀声四起，声势震天。北匈奴的使者和随从有一百三十多人，此时人马乱作一团，逃遁无门。班超亲手搏杀了三个匈奴人，他的部下也杀死了三十多人，其余的匈奴人都葬身火海。战斗取得了彻底胜利，班超一行无一伤亡。

从事郭恂一觉醒来，天已大亮。他正纳闷驿馆中怎么没有一个人，突然见班超等人满身血污，提着匈奴使者呼衍胜等将领的人头回来了。郭恂十分吃惊。

班超说："从事莫慌，昨夜获得重要情报，闻知匈奴使臣将包围驿馆，对我等不利。我见从事醉酒，没有打扰，便率领三十多名弟兄夜袭匈奴使者，以火攻之，现已将匈奴使者全部击毙了！"

郭恂听了，脸上现出尴尬的神色，不停地说："如此甚好，如此甚好！"

班超了解郭恂的为人，他马上表态说："郭从事虽然没有参加这次重要行动，但我哪里会独占功劳呢？我会奏明窦大将军和朝廷，这份功劳，使团人人有份。"

安排已毕，班超顺风纵火，一时战鼓齐鸣，杀声四起，声势震天。

郭恂听了，脸上震惊、羡慕、嫉妒和懊悔的神色才渐渐缓和，喜悦之情溢于言表。

天色大亮，班超闯进鄯善王宫，把呼衍胜的首级扔到鄯善王脚下，鄯善王和他的大臣们吓得面如土色，两腿筛糠。

班超因势利导，抚慰鄯善王，叫他从今以后不要再和匈奴通好，否则，呼衍胜的首级可做榜样！面临这种形势，鄯善王连忙伏地叩头，唯唯听命，即召集辅国侯、却胡侯、鄯善都尉、击车师君、驿长等鄯善部主要官员，当众宣布：鄯善正式断绝和匈奴的一切往来，从今天起专属天汉。

三天后，班超一行离开扜泥城，鄯善王率众出城相送。后来，为了表示忠诚，他还把长子送到洛阳去学习汉朝文化，实际上是送去做了人质。

班超一行经敦煌返回伊吾卢向窦固将军复命，窦固大喜，向汉明帝上奏班超的军功，并提出建议：集中力量打击北匈奴，对西域其他国家采取外交途径进行争取。因此，请求朝廷再派使者去西域继续活动，以利西域的长治久安。

汉明帝接到窦固的奏章，很赞赏班超的魄力，接受了窦固的建议，下诏说，有班超这样的人在，为什么不再派他去西域，而要另选别人呢？可以提拔班超做军司马，命他重出西域，再续战功。

窦固接到诏令后，当即提拔班超作军司马，叫他继续前往于阗和西域其他各国。窦固认为班超手下的人太少，想给他再补充一些战斗力，以防万一。班超辞谢道："出使西域其他各国仍须用智用计，愿仍率所从三十六人。如有意料不到的事发生，人多反而成了累赘！"窦固只好依从。

班超于是辞别窦固，向于阗方向奔去。

建功绝域

斩首于阗国巫师

于阗国地处塔里木盆地南沿，南依昆仑山，北接塔克拉玛干大沙漠，东通且末、鄯善，西通莎车、疏勒，当天山南路、西域南道之要道，也是西域南道中最大的绿洲。

西汉时期，约公元前2世纪，尉迟氏在此建立于阗国，都城在西城（在今新疆和田），为西域南道中国势最强的国家之一，有十三个小国服从它。

班超带着原班人马从河西出发，日夜兼程，走了三千里以上的路途，才到达于阗国都所在地。这里胡杨森森，佛塔高耸，巷陌纵横，行人如织。街道干净整洁，行走在街上的有白种人、黑种人、黄种人，诸色人等穿的衣服绚丽多彩，既有亚麻布，也有羊皮衣，既点缀着闪光的丝绸，也搭配有华丽的狐狸皮。集市以月亮盈亏定时，每七天一集，热闹非凡，交易美玉、赤狐、雪鸡、雪莲、贝母、党参等帕米尔高原的特产，手工艺品则有刀子、木碗、木盆等，交易方式都是以物易物。此外还交易盐、布、陶器、铁器、牲畜甚至奴隶。一匹马、一束丝可以交换到五个奴隶。有人兜售一种呈球形、扁圆形或柿子形的带有血斑的东西，开口面略扁平，密生灰白色或棕褐色的细短的毛，呈旋涡状排列，质地柔软，微有弹性。原来这就是麝香，主要卖给汉人，放在箱子里能防止衣服生虫。但是本地人对麝香不感兴趣，他们认为，女人穿了麝香熏过的衣服就不会生孩子了。

此时的于阗，正是广德王执政的时期，他们刚刚打败西北方向的莎车国，正趾高气扬，雄霸一方。同时，北匈奴也派来了监护他的使者，不让他归顺汉朝。

于阗国巫风盛行，到处可以看到巫师。

汉朝时，中原华夏文化主动向西传播，同时又接受中亚文化东来的影响。出身北方少数民族的巫者，即所谓"胡巫"，曾经"事九天于神明台"，高踞接近王朝统治中枢的地位。汉武帝晚年因为病重而汉地"巫医无所不致，不愈"，不得已起用胡巫。当时，长安地区盛行的"巫蛊"其实是西域巫风的模拟，比如在道路上埋设象征物以恶言诅咒。"胡巫"的神秘技能，曾经在西汉帝王心底造成巨大的阴影。

　　精通西域事务的田虑说，他们常赋予火、山川、树木、日月星辰、雷电、云雾、冰雪、风雨、彩虹和某些动物以人格化的想象和神秘化的灵性，把它们视为主宰自然和人间的神灵。特别是由祖先亡灵所形成的鬼神观念以及人间的各种疾病与死亡造成的恐惧，是其神灵观念的核心。他们认为，各种神灵同人类一样有意志、愿望和情欲，更有善恶之分，不能违拗、触犯。各类神灵具有不同的属性和功能，各主其事，各行一方，地位大体平等，绝大多数尚无等级差别，也没有主宰一切的神。

于阗国的村镇、大街上，经常有巫师表演，表演出色的，常常被国王聘为国师。

傍晚，班超一行进入于阗国大街，看到当地人在街头用香木燃起了数十个火堆，火光腾空而起，一股浓浓的香气扑鼻而来。田虑说，这是一种西域的香花树，中间混杂有香草，看样子，于阗人要跳神了。

班超问："跳什么神？"

田虑说："其实和我们中原祈求神灵保佑的道理是一样的，刚才燃起香木和香草是为了净化污浊的空气，以便迎接神灵的到来。"

班超一行走得很累，便在距火堆不远处打尖休息。说话间，只见一人身穿神衣，头戴神帽，左手持鼓，右手拿槌，盘腿坐在西北角的一个专门位置上；另一个病态恹恹的人，则被安排坐在东南位置上。

田虑凑近班超的耳旁说："那个身穿古怪衣服的人，他现在就是神的使者。"

只见巫师的双眼半睁半闭，连打几个哈欠后，开始击鼓。鼓声起初较小，然后越来越大，节奏也越来越复杂。伴随着如雷的鼓声，巫师的面部表情也越来越复杂，四周笼罩着一种神秘的气氛，使他们从中原来的人，无不感到骇然，仿佛神真的就在鼓声中降临了。

老巫师站起身，边击鼓，边跳跃，边吟唱，音调极其深沉浑厚。周围有人情不自禁地加入跳跃的行列。老巫师领唱一句，参加跳神仪式的人跟着唱一句，渐渐形成了庞大无比的合唱队伍。队伍不断壮大，声音已在山谷中出现了回音！

鼓声越来越紧，老巫师浑身哆嗦着，牙齿咬得格格作响，双目紧闭，周身摇晃，就像神灵附体一般，显得痛苦不堪。这时，有人拿出一团烧红的火炭，放在巫师脚前，为神引路。老巫师鼓声骤停，浑身颤抖。众人齐声高歌，意味着神已附体到老巫师身上。

这时附体的是祖先神，借老巫师之口询问："你们请我来有什么事？"

东南角病人的亲属代为答道："因家人患病，惊动祖先前来看病。"

老巫师点点头，似乎明白了众人请他到来的原因。于是他开始再次击鼓吟唱，与此同时，旁边有人击响了腰铃，配合他演奏。腰铃可通神。此时，铃、鼓大作，节奏骤紧，营造出一种神秘、虚幻并使人神情迷离的氛围。即便是熟悉西域风俗的田虑，此时也感到颇为紧张。

伴着鼓、铃、歌、舞，老巫师开始逐一恭请诸神，探寻病人到底冲犯了哪位神。他说的神名田虑都闻所未闻，应当是病人的各位先辈。老巫师提到一个又一个神的名字，病人都没有反应。老巫师又提到了一个神的名字，病人突然不停地颤抖起来。旁边的辅祭者说："好了好了，祖先找到了！"他们认为，正是这位神在作祟病人。

老巫师说："我就是你的祖先，我要你供祭三只羊和一头牛！"病人的家属赶紧应允，答应病好后就还愿。巫师对病人家属的态度显得很满意，他让病人裸体躺在地上，用随身携带的水瓶，向其身上喷水。

田虑说，危重病人的灵魂被恶神掠去，巫师要借助祖先神的力量，远征沙场，与恶鬼搏斗，把患者的灵魂夺回来，病人方能得救。

围观的人群中有人大喊一声：好！好法术！

老巫师浑身哆嗦着，牙齿咬得格格作响，双目紧闭，周身摇晃，就像神灵附体一般，显得痛苦不堪。

这人正是于阗国王广德。而老巫师正是广德王刚刚聘到的国师，为了扩大国师的影响，专门在闹市区设坛表演的。

班超见状摇了摇头——老巫师肯定是匈奴人派出的细作，想用神秘的巫术迷惑于阗王。

第二天，班超一行前去与广德王见面，晓以利害，劝他归顺汉朝。广德王却对班超一行傲慢相待，态度十分冷淡，并且暗中请国师出主意。老巫师假装祷神，费了许多周折，才睁开眼睛说："天神发怒了，你们为什么想去归顺汉朝？汉使有一匹嘴黑毛黄的好马，你们赶快把它弄来给我祭祀天神！"

对老巫师言必信、计必从的广德王就派人去向班超要马。

班超对前来要马的人说："大王要我的马敬神，我怎么能不乐意呢？可不知道要的是哪一匹，请神巫自己来挑选吧。"

取马的人回去一说，老巫师真的身着巫衣，手执巫杖，在一些人簇拥下，妖里妖气地来了。班超岂容巫师如此跋扈，待他靠近，立刻拔出宝剑把老巫师杀了，然后提着巫师的首级去见广德王。广德王见到这一情形，惊恐万状。

班超说："这个巫师的下场就是匈奴人的下场。你跟汉朝和好，两国都有好处；你要是勾结匈奴侵犯汉朝，就看我的宝剑答应不答应！"同时将火烧匈奴使营、诛杀匈奴使团、制服鄯善国的事当面给广德王陈述了，让他自做选择。

广德王恐慌之余，迅速派人去鄯善国打听情况，果然如班超所说，匈奴使者呼衍胜被班超斩杀了，鄯善王把自己的儿子派往汉朝作了人质。事已至此，别无选择，广德王决计归附汉朝，不再受匈奴节制。匈奴本有将吏留守于阗，监护广德王，广德王为示诚心，暗地发兵攻杀匈奴将吏，将其首级献给班超，向班超投降。

班超将随身所带金帛当即赠送广德王及其部属加以镇抚，并驻节在于阗国，以巩固加强双方的关系。局势明了之后，于阗国上下反而如除心腹之患，不再首鼠两端，加之得了班超的馈赠，自然额手相庆，愿听约束。广德王则也效仿鄯善王，把儿子送到洛阳去学习，以示对天汉忠诚之心，实质上也是当了人质。

鄯善国和于阗国都是国力较盛的西域望国，班超快如闪电制服两国后，在西域引起很大的震动，周边其他小国闻讯纷纷归从，依次派遣儿子入侍洛阳。

此时，班超和他率领下的三十六人已是西域大地上的传奇之师。

招降疏勒王兜题

班超在于阗国打听到，北边的龟兹国国王建，是北匈奴的傀儡，他仰仗北匈奴的势力占据西域北道，攻破疏勒国，杀死疏勒国王，另立龟兹人兜题为疏勒王。

班超认为，这是争取疏勒国的好机会。因此做出决定，向疏勒进发。

永平十七年（公元74）春，班超率领队伍出了于阗城的西门，在料峭的寒风中向西北方向急驰而去。

史书上说疏勒国地处葱岭东坡和塔里木盆地西

缘，距离长安九千三百五十里。设疏勒侯、击胡侯、辅国侯、都尉、左右将、左右骑君、左右译长各一人。

出河西走廊西行，丝绸之路分南北两道，然后在疏勒汇合，所以，疏勒地理位置异常重要。这里河流纵横，土地肥沃，是一片天然的绿洲。

班超要走一条匪夷所思的路，即绕过莎车国，抵达疏勒。

为了节省时间，班超先后请了皮山部落、无雷部落的土著居民做向导，沿着戈壁沙漠的边缘飞驰。一路之上，流沙频现，稀疏的芦苇、红柳、胡杨等沙漠植被点缀在荒凉的土地上。这一路极其辛苦，他们经过的是一个复杂的山脉之国，巴萨勒格山、来丽乔克山、干基塔格山、阔什塔格山、加依克尔山、亚坦其塔格山先后被甩在身后。他们经过了冰山积雪带、高山地带、山前河谷地带、平川地带，但大部分时间是在戈壁沙漠地带穿行。经过多日的跋涉，他们来到了帕米尔高原。

踏着早春三月冰冷的河水，他们渡过了刚刚解冻的葱岭河。莎车部落就在葱岭河下游一百多里以外的地方，班超就这样机敏地绕过了莎车，避免了与莎车的周旋。

马队沿着沟底的河床蜿蜒前行，天山东延的余脉里春风送暖，细雨飘零，空气湿润。进入天山南麓后，天气燥热起来，沿途多有小型集市。再行两日，展现在面前的是一片广阔的绿洲，绿色像地毯般铺开，四周是茂密的白杨林，农家村舍错落有致地排列在缓坡上。纵横交错的小路上，偶尔会掠过一两只灰色的兔子和火红的狐狸。这里是帕米尔高原的腹地，远处的公格尔雪峰如在眼前，圣洁的峰顶被云层里的阳光涂上了一层淡淡的褐色。公格尔雪峰的背后便是慕士塔格雪峰。两座玉峰挺立，形成了帕米尔高原的主体。色彩很有层次在分布在高原上：底部是暗绿色树林草地，中间是绿色乔木，顶部则是洁白的雪峰。

经过漫长的冬日，在冰消雪融的旷野，苜蓿的新绿让人眼前一亮。它既是天马的食粮，在春天，它还是人类的食粮。

班超率三十六骑沿着苜蓿盛开的原野向前驰去，暮色中，远远地望见了疏勒国盘橐（tuó）

班超率三十六骑沿着苜蓿盛开的原野向前驰去，暮色中，
远远地望见了疏勒国盘橐城。

城，眼下正是匈奴势力在西域的另一个重要据点。

班超在距离盘橐城九十里的地方停下来，对勇士们说："盘橐城是疏勒国的重镇，拿下盘橐城，就相当于拿下了疏勒。疏勒国王已于去年被匈奴所杀，现在担任疏勒国王的是匈奴派遣的龟兹左侯兜题，事实上是一个傀儡国王，他在疏勒很不得人心，疏勒人早已恨之入骨，必欲除之而后快。兜题本人也不是疏勒人，当地官民绝不会为他效忠卖命。我们人数虽少，但要拿下盘橐城也绝不是难事。"

安营扎寨后，班超派遣得力部将田虑、耿广率吏士十余人飞马驰奔盘橐城，招抚兜题。他对田虑、耿广交代："你等前去招抚兜题，如其不肯，就予以活捉。"

虽然爱诵小乘佛教经典的龟兹人兜题当上了疏勒王，但疏勒真正的控制权仍掌握在匈奴人手里。没有人不知道，兜题其实就是匈奴在疏勒国的傀儡，连他自己都深深地意识到这一点，所以兜题在疏勒国王的任上反而显得非常从容。就像现在，他在盘橐城的王宫内细心修理着自己的长须，外界的一切变化似乎与他无关。

兜题成了疏勒王之后，总觉得住在疏勒城心里不够踏实，于是另建了盘橐城居住。盘橐城非常坚固，守备森严。几天前，龟兹王建差人发来密报，称汉使正向疏勒方向开进，他们人数虽少但英勇无敌。兜题听了微微一笑，三十六骑有什么可怕？我疏勒国的数万兵马，难道还敌不过区区三十六骑？但兜题仅仅笑了一声就不再笑了，因为他搞不清楚汉使到疏勒究竟有何贵干，他作为匈奴在疏勒国的傀儡，该扮演什么角色。

　　兜题的仆从莫离匆匆进帐说，皮山、拘弥、西夜等诸小部落都在汉使的劝说下弃匈归汉了，汉使是有备而来啊！兜题暗暗心惊，让莫离连夜派出亲兵，配备强弓硬弩到疏勒、莎车交界处巡防，汉使的队伍一旦经过，可就地拦截，绝不能让他们轻易进入疏勒。兜题的亲兵都是龟兹人，因为疏勒人和莎车人关系并不好，龟兹人在两国边境上容易周旋一些。

　　这一天，兜题正在胡床上诵读小乘佛教的经典，忽然听得门外乱纷纷的，莫离慌慌张张跑来禀道："报告大王，汉使在城外求见。"

兜题没料到汉军来得如此之快，他猛地停止了诵经，惊问："汉使带了多少兵马？"

莫离答："报告大王，只有十余骑。"

兜题稍稍放下心来，看来汉军并不准备打仗。他略加思忖，说："本王今日身体不适，让汉使先回，明日再见。"

"是，大王。"莫离转身就走。

"大王且慢……"

一个满脸胡须、身材魁梧的军官从门外走了进来。此人是疏勒国都尉黎弇（yǎn），他武艺高强，带兵有方，深得兜题器重。

兜题问："黎都尉何事？"

黎弇道："大王应该接见汉使，以礼相待，才不失我疏勒风范。如避而不见，会使汉人生轻慢之心。何况汉使区区十余骑就令大王惧怕，传将出去，岂非说我疏勒无人？"

兜题觉得黎弇所言有理，于是召集众官，命黎弇带百名侍卫出盘橐城迎接汉使。

盘橐城外，田虑、耿广坐在马上，上身挺得笔直，目光紧盯城门，耐心等候着兜题。他们在城外等了很久，但是盘橐城始终紧闭城门。骄阳之下，两人胯下的战马烦躁起来，不停喷着大大的响鼻，前蹄狠狠地刨着地面。二人正思忖下一步该如何行动，只听"咣"的一声，盘橐城的城门缓缓打开，两队士兵鱼贯而出，分列城门左右。当中走出一人，身材高大，满脸胡须，显得十分威武，正是疏勒都尉黎弇。

黎弇一招手，大队兵马向外疾奔，瞬间分列城下，十数个文武大臣拥出了疏勒王兜题。田虑、耿广对视一眼，仍旧坐在马上未动。

黎弇走到二人面前，大声道："疏勒王接见汉使，请二位汉使下马。"

田虑、耿广见兜题并无降意，便飞身下马，将佩刀解下挂在马鞍上。满脸高度戒备的兜题看到这个动作后，似乎松了口气。

耿广上前几步，来到兜题面前，双手抱拳行礼。兜题正准备答礼，突然耿广像离弦的箭一样猛扑上前，右手探至兜题后腰，口中大喊一声："走！"居然将兜题单手提起，然后一抡胳膊，就像扔一个草垛似的，将兜题远远地扔向马前的田虑。田虑接过兜题，将其横身放到马上，手上早已多了一根长绳索，三两下就将兜题五花大绑起来。

兜题转眼就成了汉使的俘虏，一切发生得太突然。左右没有一人保护兜题，都躲闪到了一旁，就连身经百战的黎弇也怔在那里。盘橐城下惊叫连连，乱作一团，将士四散奔逃。耿广和田虑放声大笑，并不追赶。

田虑坐在马上，右手长刀举起，朗声道："兜题为匈奴傀儡，大汉使节班超命我将其捉拿治罪，与疏勒余人无关。有不服者，尽管上前。"

黎弇见状，面向疏勒众人大声道："龟兹杀死我王，强立兜题，使疏勒处于匈奴的控制之下，全城百姓为之心寒，今大汉天使派人捉拿，正是为我等做主，此乃大快人心之事，我等须弃暗投明啊！"黎弇说完回身跪拜田虑道："我等愿听汉使做主。"疏勒众官兵见都尉尚且如此果断，都纷纷跪下，齐声道："我等愿听汉使做主！"田虑便扶起黎弇，又叫众人起身。

汉军兵不血刃占领了疏勒。班超带领众人进入盘橐城，田虑将刚刚起义的都尉黎弇引见给班超。班超见黎弇英气逼人，爱憎分明，不由十分赞赏，盛言感谢黎弇相助之功。

黎弇"扑通"一下双膝跪地道："自疏勒与汉家断绝，我等无不期盼再通消息。龟兹、匈奴残暴，我等受尽屈辱，不料今日汉使再次解救我等，真是不幸中的万幸！"班超连忙扶起黎弇道："都尉言重了，只要疏勒与大汉精诚团结，彼此一家，不惧龟兹、匈奴。"黎弇点头称是。

班超一行进得疏勒城来，即召集疏勒国的原班将吏，通告汉朝对西域的都护政策，宣布龟兹勾结匈奴攻灭疏勒以及兜题在疏勒的种种罪行，并扶立原疏勒王的侄子榆勒继承王位。盘橐城中一片欢声笑语，疏勒国人都知道汉军已废兜题，疏勒国已脱离了匈奴的控制，无不奔走相告，额手相庆，载歌载舞，甚至唱起了歌谣：

> 东方吹来了和煦的春风，
>
> 为装点世界，打开了天国之门。
>
> 龙脑香消失了，大地铺满了麝香，

世界将把自己打扮得五彩缤纷。

光秃秃的树木穿上了绿衣，

红黄蓝紫，枝头色彩纷呈。

褐色大地披上了绿色丝绸，

东方商队又将桃花石锦缎铺陈……

新立的疏勒王榆勒也激动万分，当众宣布把自己的名字改为一个汉字"忠"，以表示对大汉王朝的忠贞不贰。

随后，疏勒王忠率文武官员一致请求班超处死兜题以平民愤，但班超叹道："杀一庸夫，有何益处？不如把他放还，使龟兹知大汉威德。"于是令人给兜题解绑，叫他归告龟兹王，速即降汉。兜题被释放后千恩万谢，带着他的忠实仆从莫离，口诵佛号，返回了龟兹，从此再也没有踏入疏勒半步。

很多人想不通班超为什么会释放兜题。其实这是班超从全局考虑问题的结果。因为汉朝要打击的对象，是北匈奴而不是龟兹国，龟兹国是要争取的对象。如果杀掉兜题，龟兹国就会紧跟匈奴，不利于下一步对龟兹国的争取，影响汉朝的西域政策。

释放兜题，改立疏勒王，抚定疏勒后，班超在西域各国的威信与日俱增，朝廷对他的行动也很满意。班超派人往报窦固战绩。窦固其时正奉诏讨伐车师国，他命令班超暂留疏勒，不必着急返回。班超从此驻扎在盘橐城，以此为据点，精心经营西域。

经营盘橐城

由于疏勒国处于丝绸之路南北两道西端会合点，是控制西域的要地，牵一发而动全局，自古为兵家必争之地。班超决定立足疏勒，稳定西域。

班超看到疏勒田地肥广，草场丰饶，但因匈奴祸乱日久，民穷军弱，一片萧条。于是命耿广、甘英等人帮助疏勒王忠训练士卒，锻造军械，整修城池。又教导疏勒百姓兴修水利，引水灌溉，勤事稼穑。

班超还在疏勒开办了汉书馆，派人前往酒泉、敦煌采办文书典籍，挑选良家子弟学习汉字汉书，传承汉文化。

西域奇特的风俗也在潜移默化地影响着班超，他对西域的理解也越来越深刻了。

一天，班超看到有人挖开泥土，正将几根羊骨头埋进地下，嘴里还念念有词。他按捺不住好奇，走过去问："老伯，为什么要把羊骨头埋到地下呢？"

老伯看他一眼，淡淡地说："种羊啊！"

"种羊？"

"对啊，我们疏勒人吃完羊肉，都会把羊胫骨埋在地下。"

班超猛地想起田虑什么时候曾说过，疏勒人认为，只要把羊胫骨埋在地下，第二年春天就能像植物一样长出一只小羊来。

老伯把羊胫骨郑重地埋在地下，举起木杵筑实，又在上面放了一块石头作为记号。他说，明年开春的时候，小羊羔就会从胫骨中出生。那时候，就要在周围筑起一面墙，等小羊羔要出来时，击鼓使它受惊。小羊羔受惊后就挣断了与大地连在一起的脐带，马上就能寻食物吃。

疏勒人爱羊，视羊为自己的家人，祖祖辈辈都是这样处理羊胫骨的。如果不这样处理，就是对羊神的冒犯。这是疏勒人和大自然和谐共处的一种精神，是人对动物的一种尊重。疏勒人之所以能做出那么鲜美的羊肉，疏勒的羊肉之所以永远也吃不完，就是因为疏勒人对羊始终怀着这样一种尊重。

疏勒人爱羊，也爱鹰。很早很早以前，在群山耸峙、景色迷人的万山之祖帕米尔高原的深处，疏勒人的先祖过着狩猎生活，家家户户养着猎鹰，它们白天随主人狩猎，晚上为主人放哨看家。传说，帕米尔高原有一只鹰王，用它的翅膀上最大的空心骨做成的鹰笛，吹奏出的声音有一种巨大的号召力量，能够惩恶扬善。只有和鹰王心灵相通的人，才能吹响鹰笛。在疏勒国人群聚集的地方，都会听到令人神往的鹰笛声。伴随着帕米尔高原的四季交替，苍凉雄阔的鹰笛声已成为疏勒的背景音乐。

班超投笔从戎之前，已经是两个儿子的父亲。儿子尚未成人，妻子却不幸去世。班超在疏勒安定下来以后，娶了一位疏勒女子为妻。

疏勒夫人没有留下名字。她幼承家教，喜抚琴，善骑射，知书达礼，贤淑聪颖，落落大方。

疏勒夫人和班超的结合有一定的政治因素。对班超而言，这门亲事有利于他长期扎根西域。在疏勒续弦，从内心和感情而言，似乎就可与疏勒的国土融为一体了。对于疏勒夫人而言，与班超成婚，最初固然有疏勒王室的政治需要，但更重要的是，她耳闻目睹了班超的英雄壮举，对这位闯荡天下、英勇威武的军司马暗生爱慕之情。

　　在班超的经营下，疏勒的地位越来越重要。经济上，疏勒成为丝路运转的咽喉枢纽，具有商业才能的"胡商"把疏勒作为从帕米尔高原下来或者准备攀登帕米尔高原时的打尖之所，华商蕃客在此地集结，载着丝绸的骆驼高昂起饱经风霜的头颅，在驿馆前喷着响鼻。军事上，班超与驻守在乌即城的疏勒王忠遥相呼应，经过加固整修的盘橐城即使面对匈奴的"群狼战术"，也能应对自如；疏勒已是拥有十余万人口和三万军队的西域大国，足可与匈奴势力相抗衡。文化上，汉文化在西域得到了传播，西域文化又强烈地影响到了汉文化，两种文化碰撞、交融，在疏勒一带留下了许多独特的印记。

　　自王莽之乱后，西域也跟着大乱，原来前汉设置在马耆城（今新疆轮台）的西域都护府，也不得不停罢。此后多年，汉在西域没有最高长官。趁着班超奠定的这段安定时期，永平十七年（公元74），汉才恢复建制，任命陈睦为西域都护。

留在西域

永平十八年（公元75），汉明帝驾崩，汉章帝即位。焉耆国和龟兹国认为大汉正处在大丧期间，不会出兵西域，甚至可能会因争夺帝位发生内乱。于是，他们在北匈奴的唆使下，发动武装叛乱，进攻西域，都护陈睦与两千余汉军在丝路北道全数阵亡。与此同时，北匈奴又围攻驻在车师国的戊己校尉耿恭。耿恭死守疏勒城（在车师后部，不在疏勒国），靠喝马尿、煮铠甲和吃弓箭上的皮筋充饥，等到被汉军解救，到玉门关时，只剩十三人。东汉在西域遭受了巨大挫折。

西域不时有报传来，每次都不是好消息。章帝寝食难安，急召群臣合议西域之事。

一位熟悉西域情况的大臣出列奏道："西域都

护陈睦败亡全因纵军经商、戒备不当造成。西域各国皆愿归汉，班超勇猛机智，忠心报国，所到之处，扬我大汉军威，西域各国无不钦佩有加。如能继续留他在西域镇抚，一则可震慑匈奴，使之不敢南下，再则可安抚西域诸国，使之安居乐业。臣以为留班超在疏勒，有百利而无一弊。"

章帝听了微微颔首。

郭恂虽曾跟随班超出使，却并不愿他再建功业，抱拳奏道："先帝时，窦固将军率军远征西域，动用铁军十几万，耗银无数，但西域诸国或归或叛，成效全无。班超出使西域已有数年，家眷期盼团聚。陛下以孝道治天下，今令班超归国尽孝，可慰全军将士之心，更可赢取百姓赞誉。"

卫侯李邑与郭恂心意相通，也不希望班超在西域再立大功，于是出班奏道："郭大人所言极是，召回班超可慰将士之心，此人心所向、众望所归啊！"

章帝思忖片刻，决定召回班超。

一封加急诏书发往塔里木盆地。钦差风雨兼程，到达疏勒的当晚，便宣读了章帝的圣旨："班超离国别家多年，而今老母病重，日夜思儿。朕以孝道治天下，特诏尔回家事母，以尽孝道。见诏速回，不负朕心。"朝廷的旨意班超早有所料，他并不感到奇怪，忙谢恩接旨。

当夜，班超一宿未眠，回忆自己在西域数载的传奇经历，想到形势的严峻，不由为大汉王朝的江山社稷担忧起来。

此时，丝路南道，在匈奴的支持下，塔里木盆地爆发了反对汉朝保护权的大叛乱。龟兹王联合姑墨国，多次发兵进攻疏勒国。班超和疏勒王忠互为首尾，士单吏少，已守了近一年时间，因孤立无援，形势极度危急。如今圣上召回，本可趁机回家享受天伦之乐，但要把汉朝将士用生命征服的广阔西域就这么轻易地放弃，班超的心里着实不是滋味。

次日，疏勒都尉黎弇来访，看到班超正坐在案几前发呆，一副忧心忡忡的样子。

黎弇向班超抱拳道："军司马以五千之兵大败左贤王数万大军，神勇之极！汉军真乃我疏勒屏障也。"

班超起身还礼道："都尉过誉，此功全赖将士用性命换来！"

黎弇问道："西域都护陈睦败亡，不知大汉何日再委派新都护？"

班超苦笑道："朝廷昨日已派钦差召我回朝，按朝廷旨意，我当于近日返回中土。西域之功，恐毁于一旦！"说罢一声长叹。

黎弇听了，激动地说："军司马千万不要弃疏勒而去。近日获悉车师等国复归匈奴，龟兹在侧对我虎视眈眈，疏勒腹背受敌，幸有军司马镇守于此，疏勒才能得以完好无损。倘军司马领旨回朝，疏勒必定大乱，匈奴必定重返我疆土，课我税赋，欺我百姓，还望军司马三思啊！"

班超神色凝重地握住黎弇的手道："都尉所言极是，西域须臾不可不防匈奴，倘我班超在此，匈奴断不敢造次，但君命重千钧，我不得不归。"言罢以袖遮面，不愿再说。

黎弇大怒，拔出佩刀，就要去驿馆找汉朝的钦差理论。

田虑在门外截住黎弇说："都尉且莫如此，杀一百个钦差，也不会使朝廷恢复西域都护府，且待军司马回朝后，他日再图西域。"黎弇气恼之极，向着帕米尔方向抱拳道："冰山圣父，请保佑我们!"跺脚恨恨而去。

班超决定尽快启程回朝。虽然将在外君命有所不受，但倘若没有朝廷的支持，以一己力量固守西域，与北方的苍狼孤独对峙，班超料定也是殊难胜任。

一切收拾停当，班超正正衣冠，走出营帐，营帐外人头攒动。疏勒王忠率黎弇等人站在最前面，他们的身后，是疏勒城的一城百姓，人人都不说话，脸上都露出依依不舍的神情。

班超向疏勒王忠和大臣们抱拳说道："疏勒是我第二故乡，班超今日归去，有朝一日定会回来。"说罢躬身作揖。

疏勒王忠嚷道："汉人弃我于不顾，置我于匈奴之侧，焉能使我酣睡。汉使回朝之日，便是疏勒将亡之时，且将疏勒王之职还与你吧!"

班超示意田虑将马牵过来，他要离开了。

一直站在旁边一语不发的黎弇走过来，红着眼晴说："请军司马看在疏勒一心向汉的份上，奏请朝廷重设西域都护，继续保护西域黎民百姓，如此，则西域有福了！如军司马回朝，西域群龙无首，疏勒人心惶惶，大王夜不能寐，西域一定大乱，国家不保，百姓遭殃。倘军司马决计要走，我决心以死相谏，请军司马留步！"说罢，放声痛哭起来。

班超纵是在千军万马中冲锋陷阵也不眨一下眼睛，此刻也觉心如刀绞，他强忍悲痛劝道："都尉莫要悲伤，我等回朝后奏明圣上，即可重设西域都护，不负西域诸国忠汉之心。"

黎弇说："都护陈睦败亡后，汉军退到河西，除军司马外，偌大西域竟无大汉一兵一卒，今又诏令军司马回朝，大汉弃我疏勒如敝屣。军司马一去，龟兹必来侵犯，匈奴虎视在侧，我等国小兵寡，他日必被龟兹、匈奴所灭。与其他日受辱，何如死于汉使面前！"

班超知道黎弇所言乃是一时激愤，待想好言相劝，却见黎弇已经拔剑出鞘，横于脖颈，只见寒光一闪，宝剑在黎弇脖颈处挽了一朵闪亮的剑花。黎弇应声倒地，竟是自刎在班超脚下了！

班超大吃一惊，滚鞍下马，扑到黎弇身上，放声大哭道："都尉何苦以身请命，西域、大汉，血脉相连，我大汉断无弃疏勒于不顾之理，今日暂归，他日定当回来。都尉何苦啊，都尉何苦啊！"

田虑诸人见状，扔下手中行李，不停摇头叹息。疏勒街头，全城百姓痛哭流涕。亲眼看着自己的大将横剑自刎，疏勒王忠也禁不住老泪纵横。整个疏勒大地似乎都在用同一个声音挽留班超：疏勒国的神鹰，留下吧。

但是班超去意已决，他不能因为黎都尉的自刎就抗旨不遵。他转身对疏勒王忠说："黎都尉以身请命，此等气节，古今罕见，请大王厚葬之！"忽然又想起一事："龟兹若来进攻，能战则战，不能战可向于阗国退守，于阗现在有兵数万，可抗龟兹之军。"

满城军民不能留住班超，疏勒王忠知道这位军司马一定会东去的，无奈之下，他命人端上葡萄酒，双手高举酒杯对班超说："我尚无子嗣送往洛阳侍奉陛下，但今日指天为誓：疏勒将永附大汉，绝无二心。若违此誓，愿死于大人刀下。"言罢将酒一饮而尽。

班超道："我当与王同进退，共祸福，若违此誓，有如此碗。"仰首将酒饮尽，又将碗在地上摔得粉碎。

班超率众人向黎都尉行礼，一声长叹，打马东去，身后绝起一股烟尘。疏勒人哭着相送，直到望不到汉使的身影，还久久伫立不肯回去。

向东就是大汉。班超心情沉重地走在最前面，联系到自己刀笔吏出身，毅然投笔从戎，以求疆场立功。四年间，虽历经艰险，却也略酬平生之愿。眼下乱势又起，不能再立新功，班超只觉得愧对疏勒国人民。

班超率众人翻越沙漠，到达于阗。驻守在于阗的是甘英。甘英设宴为班超一行接风洗尘，席间，班超忍不住又连连长叹。

甘英说："前朝将军李陵，率五千步卒远征绝域，遇匈奴十万大军，奋力死战，三军将士视死如归，兵尽矢穷，人无尺铁，在李陵激励之下个个奋勇争先。当时，天地都被李陵所震怒，士兵极度悲愤。连匈奴单于也十分钦佩，欲率军退去。后因奸细告密，李陵孤军深入，没有援军，故匈奴调动大军攻打李陵，李陵力尽被俘，只得投降匈奴，其母、妻被朝廷斩杀。我等奔突在外之徒，命运实在难料啊！"

甘英劝班超一定要留在西域。留西域可保西域平安，可击匈奴后背，使其不得南侵，如此，不费朝廷钱粮人丁，西域乃通，商贾互市，丝绸北来，玉石南去，经济一定会日渐繁荣。班超听了若有所思。

次日，班超率田虑、甘英会见于阗王广德。广德王早就听闻班超要回国，他亲自将班超迎入宫中，双方落座，广德王说："军司马切不可弃我等而去，军司马在时，西域风平浪静，匈奴不敢南下牧马，百姓安居乐业，真是千年难遇的好光景啊！"

班超起身施礼道："朝廷诏命甚急，我等也很无奈啊！"

广德王放声大哭说："我等依赖军司马，好比婴儿依赖母亲，您怎能忍心弃我而去呢？"

于阗的百姓此时已经听说班超要归国的消息，

于阗的百姓此时已经听说班超要归国的消息，呼啦啦跪倒一大片，有的还抱着班超坐骑的马腿，不让他离开。

呼啦啦跪倒一大片，有的还抱着班超坐骑的马腿，不让他离开。他们之所以如此信赖汉使，是汉使赶走了北匈奴，他们因此能够安居乐业，无赋税盘剥之苦。

班超见状，热泪滚滚。疏勒国的都尉仗剑自刎，为的是留下他；于阗国王与百姓抱住马腿，跪地大哭，为的也是留下他。此等信任，比之于一道圣旨，不知道要重到哪里去，班超是非领受不可了！

言念及此，班超顿觉心头豁然开朗，阴霾一扫而光。他大声说："广德大王，众百姓，超现在决意留下来了！"

于阗国的街头欢呼声此起彼伏。

一统西域

上书章帝

建初二年（公元77），天下大旱，农业歉收，汉章帝采纳了一部分官员的意见，放弃了伊吾卢，北匈奴趁机重占其地。与此同时，疏勒有两座城在班超走后，已经重新归降了龟兹，并且与尉头国联合起来，意图叛乱。班超将反叛首领逮捕，同疏勒王忠联合击破尉头国，斩杀了六百多人，使疏勒国重新安定下来。

建初三年（公元78），姑墨国在龟兹和北匈奴的支持下，企图再一次进攻疏勒。班超调度指挥疏勒、康居、于阗等国的军队一万多人，发动了

"石城战役"，攻破了姑墨国的石城，斩杀了七百多人，将龟兹孤立。

于是班超上疏章帝请求派兵，班超在奏章中说：

"臣曾经看到先帝想开通西域，因而向北进击匈奴，向西派出使者。鄯善国和于阗国已归附大汉，拘弥、莎车、疏勒、月氏、乌孙、康居等国也愿意归顺汉朝，共同出力攻灭龟兹，开辟通往汉朝的道路。如果我们攻下了龟兹，那么西域尚未归服的国家就屈指可数了。

"臣虽然只是个军中小吏，但却很想像谷吉（西汉时人，因护送郅支单于的侍子回去而被匈奴杀害）那样为国效命，像张骞那样在旷野捐躯。从前魏绛（春秋时人，曾奉晋悼公之命，同山戎各族盟誓，建立友好关系）只是一个小国的大夫，还能与诸戎订立和盟，何况臣今天仰承大汉的声威，难道还起不了作用吗？

"前汉曾经把联合三十六国的策略称为断匈奴右臂。现在，西域各国，哪怕是日落之处的边远小国，莫不羡慕汉朝的经济文化，大小国家都愿意和汉朝往来，自愿进贡的络绎不绝，只有焉耆、龟兹二国没有归附我们。

"臣先前和三十六个将士奉命出使西域，备尝艰辛。自从孤守疏勒以来，已有五年，对于西域的情况，臣较为熟悉。曾经问过大小城郭的人，他们都认为'倚汉与依天等'。由此看来，西域的人心是归向我们的，葱岭的道路是可以打通的。葱岭一通，就可以征服龟兹了。现在应该封龟兹国的侍子白霸为龟兹国王，派几百名步骑兵护送他回来，然后联合各国军队。要不了多久，就可以擒获现在的龟兹王。

"臣看到莎车、疏勒两国田地肥广，草茂畜繁，不同于敦煌、鄯善两地。在那里驻军，粮食可以自给自足，不须耗费国家的财力物力。而且，姑墨王、温宿王又是龟兹国所册立的，他们既不是本国人，就会和本国人相互对立和厌弃。如果这两国归降我们，那么龟兹自然就可以攻破了。

"臣盼望朝廷示下，以便参考行事。万一获得成功，臣就是死了又有什么遗憾呢？臣下区区之身，承蒙上天的保佑，希望不至于马上就死，如果能够亲眼看到西域平定，那时陛下就可以举起万寿无疆的酒杯，向祖庙报功，向天下宣布这个特大喜讯！"

朝堂之上的大臣们听完，纷纷议论起来。一种意见认为班超言之有理，平定西域可断匈奴右臂，使匈奴不敢南下牧马。班超在西域已聚集了多年人气，深得西域人民爱戴，倘使班超继续留在西域，即可建立不朽之大功。

另一种意见则认为，前次大汉十万大军征讨匈奴，讨平车师，立下大功。但汉军一撤，车师复叛，陈睦败亡，万余汉军尽失，耿恭仅率十三人归汉。匈奴骑兵游荡不定，无法长期固守西域，只要大汉紧守河西四郡，则西北边郡便可以长治久安了！

郭恂和卫侯李邑出列奏道："圣上已明诏班超回国，班超居然抗旨不遵，此乃死罪。如果让班超继续留在西域，待其羽翼丰满，必生反心，不可不防啊！"

窦固连忙出列道："老臣愿以九族性命担保，班超一心只为大汉江山社稷，郭从事和李卫侯所言，乃无稽之谈，请圣上明鉴！"

章帝冷眼旁观众人议论，并不早做断语。

数日后，征西将军耿秉回朝述职，章帝借早朝之机，向耿秉征求关于西域事务的意见。

耿秉道："陛下，班超率三十六人在西域屡建奇功，牵制匈奴，使匈奴不敢南下牧马，河西数年狼烟寥寥，我大汉西北边患稍安，实班超之功也。倘撤回班超，西域又落匈奴之手，河西势将狼烟四起，边界将永无宁日，臣意班超可固守西域，请陛下三思。"

章帝笑道："将军所言极是，我意已决。"

众臣见章帝已下决心，多说无益，于是无论正反两派，均齐声道："陛下圣明。"

章帝又道："班超在鄯善等国已可以调动军队万人，这些人平时为民，战时为军，不费粮饷，我意招募有志男儿千人前去西域，支援班超。众卿以为如何？"

众人称善。于是朝廷张榜布告，招募有志之士前去西域相助班超。

且说洛阳城外洛河之滨有一户姓徐的人家世代务农，传到徐干这一代时家境已很殷实。徐干任侠好游，练就了一身好武艺，一次偶然的机会结识班超，成为好友。后来班超受大将军窦固赏识随军西征，徐干因父母病重在床未能从军。父母病亡后，他在家种着几亩菜地，聊以维持生计。

这一日，徐干正和朋友杀鸡暖酒，下棋谈天，忽然听人说朝廷正招募有志男儿前去西域协助班超。

徐干跳起来，扯掉上衣，露出一身的腱子肉说："终于让我等到机会了！"于是拉上众人一道去应募。

朝廷经过考察，认为徐干为人豪侠，又深通韬略。章帝于是任徐干为假司马，率领兵马一千壮士西去支援班超。

徐干领旨，操练兵马数日，带足粮饷，全副武装，日夜兼程赶赴西域。

招抚乌孙

建初八年（公元83），汉章帝晋升班超为西域将兵长史。从此，班超不仅可以分令部队出战，而且可以越级使用大将的旌旗仪仗，出行时可以使用一种插上羽毛的高大幢麾以示威仪。

接到圣旨后，班超起身向东南方向拜倒，眼含热泪道："谢皇上隆恩！"

晚上，众人一齐向班超道贺，班超说："皇上英明，留我等坚守疏勒，镇抚西域，我等一定不辜负朝廷厚望。"

此时，在北匈奴的指使下，龟兹王挑拨离间，威胁利诱莎车国向龟兹投降。疏勒国内部也出现一股反叛势力，头目叫番辰。番辰是疏勒王忠的大舅子，居石城。石城地处疏勒之西，和康居相邻，是疏勒边防重镇。番辰常有依附匈奴之心，故常常对龟兹讨好。

这一天，众人正在议事，疏勒府丞成大突然求见，班超料到定有紧急军情，连忙有请。

成大道："长史，我刚得遣使密报，边将番辰暗中勾结龟兹，颇有异志。"

班超听了，面色凝重起来，忙问究竟。

徐干拍案而起，对班超道："大哥，我等明日率军去攻姑墨，疏勒便成空城，如此一去，番辰必反。与其待其谋反，不如先将其擒于马下，再出征不迟！"

甘英道："徐干言之有理，明日我等可照常起兵，佯攻龟兹，急驰石城，拿下番辰，以绝后患。"

班超思索片刻后道："声东击西，急驰石城拿下番辰倒是妙计，但番辰反形未露，我等若起兵攻伐，疏勒臣民必定心生疑虑。我等经营西域须以诚为本，依靠西域各国百姓，切不可做胜之不武的糊涂事，以免失去诚信，贻误大局。"

班超令徐干镇守疏勒城，以防番辰突然起事。又令田虑派人潜到石城刺探情报，探明对方底细。二将领命而去。

次日，班超正要起兵攻龟兹，却接到情报称，番辰已率叛军包围疏勒王城。班超果断地说："番辰自寻死路，既来之，则歼之！"

番辰率领石城八千人马已经到达疏勒王城南

门，却见城门紧闭，徐干全副武装站在城头。番辰高叫打开城门，徐干在城头大声道："番将军，你不守石城，今率大军围攻王城，难道你想造反不成？"番辰怒道："我奉大王密旨率军回城，快快开门！"徐干并不理会。

番辰张弓搭箭就朝徐干射去，徐干手中银枪一挥，将射到面前的箭劈为两截，大喊："番辰造反，杀无赦！"

城头乱箭射下，番辰急退到五百步之外。

次日上午，番辰挥军猛扑南门，班超喝令打开城门，一马当先冲出南门，手中金枪飞舞直取番辰。番辰抵挡不住，望风而逃。徐干在身后看得真切，张弓搭箭，番辰应声落马。反叛不成，终于自寻死路。番辰的士兵见状抱头鼠窜，各寻生路。班超大声说："番辰谋反，与各位无关，投降免死！"众军见状纷纷放下兵器缴械投降。

班超率众来到疏勒王宫，疏勒王忠吓得面如土色，不知该如何向班超交代。班超却并不深究，只微微一笑道："疏勒军民一心向汉，番辰之举，非关疏勒。"疏勒王感激不尽。

班超平定番辰叛乱之后，想进军龟兹。当时，乌孙是西域大国，兵力强盛，班超认为可以借助它的力量，于是上书章帝说："乌孙是个大国，有十万弓箭手，武帝把细君公主嫁给乌孙王。到孝宣皇帝时，终于得到了它的帮助，大破匈奴。现在可以派使者安抚乌孙，与它并力合作。"

章帝采纳了班超的建议，派遣卫侯李邑护送使者赴乌孙，同时赐送大小昆弥以下锦帛，以求借助乌孙之力进军龟兹。

昆弥也作"昆莫"，是汉时乌孙王的名号，和匈奴的单于是一样的。自汉宣帝甘露元年（前53）起，乌孙有大小二昆弥，均受汉王朝册封。

李邑是个胆小鬼，品行不端，他率三百名部下，带了大批金银财宝、绫罗绸缎，护送着乌孙使者，出河西，进西域，到于阗后，听说龟兹王已准备了两万兵马准备进攻疏勒，不由大惊失色道："我去乌孙必经疏勒，龟兹和匈奴联军有近三万，疏勒岂不是以卵击石？在此性命攸关之际，如何是好？"

李邑意识到西域局势对他的性命造成了威

胁，吓得不敢前进，又怕自己的怯懦无能遭到朝廷的斥责，他锁紧眉头，绞尽脑汁，终于想出了一个自救的办法。

他给皇上写了一道言辞极其恳切的奏章，大意说自己经过艰难跋涉，抵达西域，通过考察，确认开通西域的事业难以成功，建议朝廷不要再耗费宝贵的人力物力财力了。接着笔锋一转，他婉转地说班超在西域实际上无所作为。李邑甚至不惜运用诋毁班超的手段来为自己的行为辩护，说班超在疏勒"拥爱妻，抱爱子"，只图享乐，全不把朝廷放在心上，根本无意为国效忠等等。

奏章送达洛阳后，朝廷上下一片哗然。西域离朝廷这么远，谁也不知道班超究竟在干些什么，以李邑的地位，又是亲眼所见，想来他不会信口雌黄吧。

班超在朝中的亲戚朋友知道了这件事，急忙向他通报了情况。他对身边的人慨叹说："我没有曾参的贤德，遇到多次无中生有的谗言，恐怕要被当世之人怀疑了！"

幸运的是，章帝是个明察事理的人，他知道班

一统西域　101

超素来忠诚，肯定是李邑从中捣鬼，所以下诏书责备李邑说："纵然班超拥爱妻、抱爱子，那远在万里之遥，无时不思念回家的士兵有千余人，为什么都能与他同心同德呢？"李邑被问得哑口无言。

章帝随即命令李邑听从班超的节制调度，又下诏给班超，明确表示，如果李邑能胜任在外事务的话，便留下办事。

章帝的意思再明白不过：是李邑说了班超的坏话，章帝信任班超，事实上是把李邑交给班超处置。章帝的这一招果然厉害，朝中大臣一看，原来和班超作对会是如此后果，一些人便悄悄地端正了自己的言行。

李邑完成护送乌孙使者的任务后，按照章帝的旨意，他应就地留在疏勒，归班超调遣。但是班超并没有留下李邑共事，他让李邑带着乌孙国的侍子还归京城复命。

徐干等人认为这样轻易放走李邑，未免太便宜了他。他们对班超说："李邑先前亲口诋毁您，想要败坏西域大业，如今您何不借机留下他，还派他护送乌孙国侍子回朝，这不是留下后患吗？"

班超回答说："这是浅陋之见！就因为李邑诋毁过我，所以今天才派他回去。身正不怕影子斜，我自己没有毛病，为什么要害怕别人的闲言碎语？为了自己的一时痛快而打击报复，会使内部不和，于大局不利，这并非处理问题的办法啊。"

徐干听了，更加敬佩班超。此后李邑知道了这事，也感到很惭愧。

斩杀疏勒王

元和元年（公元84），朝廷又派出八百兵士增援班超。班超调集疏勒、于阗的兵马准备进攻莎车。因为莎车王是龟兹王的得力助手，帮助龟兹王进攻过疏勒城，必须严惩以儆效尤。

狡猾的莎车王并没有向龟兹王求救，而是试图在班超扶持多年的疏勒王忠身上打开缺口，使班超阵脚自乱，妄图让班超像陈睦一样覆败。

莎车王派人跟疏勒王忠暗中联系，用重礼贿赂他，要他见机行事，占据乌即城发动叛乱，杀害班超。疏勒王忠竟然见利忘义，收受贿赂后，与班超作对，领兵驻守乌即城。

仅仅几个月时间，叛王忠就把乌即城修成了一座坚不可摧的碉堡。它看上去坚固、厚实、高耸入云，城墙使用大量石块垒砌，并修有塔楼、壕沟。城中有完备的宫殿、官署、运动场、剧场、议会厅等。城市的中央设有卫城，呈方形，由塔楼、宫殿、内院、武器库和一座寺庙组成。

叛王忠坐在用纯金打造的狮子椅上，狮椅上空有一顶硕大的紫红色华盖。大厅的地上铺着绚丽的波斯地毯，摆满了来自地中海诸国的花瓶，花瓶里插着飘出淡淡香味的马蹄莲。他的脸色红润，浅蓝色的眼睛显示出一副志得意满的神情，偶尔也会掠过某种不安与焦虑。

莎车国王还代表匈奴贵族为叛王忠送来了一个乐舞班，由十五名匈奴青年男女组成，一律身穿短袄长裤，男乐手持唢呐，女乐手持"苏尔"（汉人称胡笳）。夜色中，松明火把燃烧时发出"毕剥"的爆裂声，溅起点点火星，夜空中回响起低沉、凄凉的匈奴歌谣：

亡我祁连山，使我六畜不蕃息；

失我焉支山，使我妇女无颜色。

歌声中隐藏着无限的悲切。

叛王忠现在懂得匈奴为何那么英勇善战了。他们善战，是因为他们要夺回自己的牧场，为女人们夺回化妆用的胭脂！

焉支山及其毗邻的大草滩是匈奴的重要牧地，这里水草茂盛，匈奴妇女搽抹胭脂的原料红蓝花就产于这里，匈奴诸藩王的妻妾多从这一带的美女中挑选，她们被称作"阏氏"。但是，汉朝派出了一个叫霍去病的将军，连克匈奴，将焉支山正式纳入汉室版图，匈奴人于是为失去焉支山及其毗邻的祁连山而发出了哀叹。悲哀苍凉的曲调令包括叛王忠在内的所有听者凄恻动容，那个游牧民族像受伤的苍狼一样在西域寻找栖息地，仓皇的背影如在眼前。

叛王忠心理上的天平悄悄向匈奴倾斜。他答应莎车国王，从此与莎车一道对付汉朝，为匈奴人牵制汉朝在西域的力量。

得到忠反叛的消息后，班超自嘲地对部将说："这个疏勒王忠，本是流亡在外的疏勒正室，是我将其请回来做疏勒王的，他为了表达感激之情，专门改名为'忠'。现在看来，此人一点都不忠，不但不忠，还要坏我大事，岂能让他得逞！"

班超召集众人讨论为疏勒另立新王事宜。他说："国不可一日无主，需立新王以安国民之心，讨伐叛王忠也好师出有名。"徐干道："长史之言有理，另立新王是名正言顺之事。"

班超请大家举荐人选，大家认为，黎将军忠心向汉，自刎而死，国人多敬仰之，本应立其子为疏勒王，不料其子在与龟兹作战时身亡。国难当头，所立新王必须忠心向汉，文治武功俱全。经讨论酝酿，决定立府丞成大为新疏勒王。

成大果然不负众望，担任新王后，立即发布公告，抚慰臣民，国内渐趋安定。

班超命令新疏勒王成大调集兵力进攻乌即城，乌即城易守难攻，成大围攻了几个月，竟然没有攻下。

叛王忠又派使者潜去康居国，请求康居国王出兵万人援救。不久，康居国兵马进入乌即城，叛王忠的防守力量进一步增强了。

正在班超进退两难的时候，他突然接到情报，称康居国与月氏国刚刚联姻，关系密切。班超马上意识到，从月氏国那里寻找一条解决问题的途径，并不是没有可能。于是班超便派使者带上许多金银锦帛去见月氏王，请他劝说康居王不要援助忠。月氏王收下重礼，慨然应允帮助班超，并立即遣使者去见康居王。

康居王果然顾全与月氏王的亲家关系，一道密令传给康居国领兵统帅。康居国将军选择时机倒戈，反而把叛王忠活捉了。乌即城守军见主帅被俘，一时人心涣散，毫无斗志，只好献城投降。

叛王忠被押至康居，作为俘虏，康居王并没有为难他，也没有限制其人身自由。叛王忠趁此机会上下活动，结交了康居国一大批达官贵人。

元和三年（公元86），在康居"做客"又不甘心失败的叛王忠再次打起疏勒的主意，他巧舌如簧，怂恿康居王说："大王，我在此闲居已久，全无用武之地；大王如能借兵给我，我杀回疏勒，成功后愿永远臣服于大王。"长期养着这么一个闲人也非长久之计，加上康居国达官贵人对叛王忠很是支持，康居王也就顺水推舟同意了叛王忠的请求，拨给他几千人，让他伺机进攻疏勒。

叛王忠潜回疏勒，以边境上的损中城为据点，积蓄力量。他慑于班超的威力，不敢直接进攻，就与曾经的敌人龟兹勾结。一封密信送到龟兹王的手上，叛王忠通过信件和龟兹王密谋，说自己将向班超诈降，到时由龟兹出兵攻打疏勒，然后里应外合夺回疏勒。考虑到大汉在西域的影响越来越大，龟兹的西域霸业也时时受其威胁，龟兹王就同意了叛王忠的计谋。

叛王忠写好一封诈降信，差使者送给班超。班超早就料到叛王忠的企图，他看完信，决定将计就计，对来使说："既然前王忠已自知悔悟，誓改前非，我也不再追究，烦你代去传报，请他速来投降便是！"

来使大喜，即去报信。叛王忠以为班超中计，只带了数十轻骑，放心大胆地来见班超。与此同时，班超密嘱吏士暗中安排，专待叛王忠到来受擒。

叛王忠洋洋得意前来面见班超，班超听说忠已来到帐前，欣然出迎，两厢见面，忠满口谢罪，班超随口劝慰，正是以诈应诈之术。

吏士早已遵班超所嘱，陈设酒肴，邀忠入席，班超在一旁陪饮。帐中军乐大作，场面十分隆重。酒过数巡，班超突然把杯子朝地上一摔，帐外马上奔来数名壮士，他们持刀而入，抢至叛王忠面前，一举将忠拿下，反绑起来。忠不停地辩解、述说，坚持称自己无罪。

班超离席，怒斥叛王忠说："我立你为疏勒王，代你奏请圣上，你才得受册封。此等浩荡天恩，你不思图报，反受莎车煽惑，背叛天朝，亲近匈奴，擅离国土，这是你的第一桩罪。你盗据乌即城，负险自守，我军临城声讨，你抗拒半年有余，拒不投降，这是你的第二桩罪。你既到康居，心尚未死，还敢借兵入据损中，这是你的第三桩罪。这倒还罢了，今天，你居然还诈称愿意向我投降，以此诓我，想趁我不备内外夹攻，这是你的第四桩罪。你犯这四桩罪，死有余辜。天网恢恢，疏而不漏，你自来送死，怎能再行轻恕！"

这一席话，有理有据，忠顿时哑口无言。

班超不无遗憾地摇摇头说:"我早就察觉到了你的反心，你几次三番不思悔改，那你今天只有死路一条了!"

班超下令，即刻将忠推出辕门斩首!两名壮汉扑将上来，反剪忠的胳膊，带离帐房。忠大声求饶，但班超毫不留情。

叛王忠的首级被悬在疏勒的城头上示众，疏勒的百姓每经过城下，都要呸呸地吐唾沫，以示鄙视。

随后，班超率一千骑兵突袭损中城。康居国的兵马正等着忠诈降的好消息，准备内外呼应，攻击班超，没想到汉军如神兵从天而降，出现在康居国，他们立时乱成一团，当场被汉军杀死七百多人，其余的都作鸟兽散了。

畅通南道

章和元年(公元87)，班超决定拔除莎车这颗埋在身后的钉子，使丝路南道彻底畅通。

莎车位于丝路南道要冲，塔里木盆地西缘，东界塔克拉玛干沙漠，西邻帕米尔高原，南傍喀喇昆仑山，是古代东西方陆路交通枢纽，也是汉与匈奴长期争夺之地。公元29年，因莎车王康抗击匈奴有功，光武帝封康为建功怀德王、西域大都尉，代汉管辖西域诸国。后莎车王降服匈奴。

莎车王得到消息后，立即向龟兹乞援，龟兹王尤利多遂与温宿、姑墨、尉头三国联兵五万人，自为统帅，驰援莎车。

班超组织起两万五千大军汇集到于阗国，准备出征，部下有人建议与莎车决一死战，但班超明白，对方的兵力至少是他的两倍，敌强我弱，且己方的军队组成比较复杂，不具备与对方死战的条件，不能贸然硬拼，还需智斗。

经过审时度势，班超决定运用调虎离山之计。他召集将校和于阗国王商议军情，故意装出胆怯的样子说："现在敌众我寡，相持起来十分不利，不如知难而退，各自班师回国。于阗王可引兵东行，我从西退回。等听到夜里的鼓声便可出发。"

班超偷偷嘱托属下故意放松对龟兹俘虏的看

管，让他们逃回去报信。龟兹王闻讯后大喜，自己率一万骑兵在西边截杀班超，派温宿王率领八千人在东边阻击于阗王。

班超登高遥望，只见敌营中人喊马嘶，料定龟兹、莎车已经分兵行动，于是返回营中，秘密召集数千精锐，准备停当，等到鸡鸣时分，悄悄潜入莎车营前。

莎车国兵士听说班超要退兵，早已放下心来，正在营中呼呼大睡，毫无防备，被班超杀了个措手不及，一下子被斩首五千余人，莎车王也被生擒。

汉军尽夺财物牲畜，大呼"降者免死"，莎车兵无路可走，只好投降。莎车王见大势已去，拱手称臣，递交了国书。龟兹国王见战机已失，无奈之下只好退回本国。

班超进入莎车王城后，才派人通知全营将士和于阗王。于阗王一夜不闻鼓声，正觉心神不定，待到班超传召，才明白班超计中有计，因而格外敬服。其余各王听到消息后，也都各自领兵回国了。莎车再次归汉，南道遂通。

多次失利的龟兹国不甘心失去在西域的地位，

便鼓动另一个西域强国大月氏与班超较量。

月氏人最早游牧于河西走廊西部张掖至敦煌一带，势力强大，为匈奴劲敌。后来，匈奴大败月氏，杀其王，以其头为饮器，月氏大多数部众遂西迁至伊犁河流域及伊塞克湖附近，称为大月氏。留在河西走廊的小部分残众与祁连山间羌族融合，称为小月氏。大月氏早年曾经帮助过出使西域的张骞，也曾经帮助过班超。就在班超击破莎车的同年，建立了贵霜帝国的大月氏王派遣使者来到班超的驻地，向汉朝进贡珍宝、狮子等，提出要娶汉朝公主为妻。班超拒绝了这个要求，月氏王因而怀恨在心，关系于是冷淡下来了。

现在，龟兹国多方挑拨，诱之以利，做出多种承诺，大月氏王动心了。永元二年（公元90），大月氏王派遣副王谢率领七万大军攻打班超。

消息传来，班超麾下的军士很是担忧。大月氏国的军兵骁勇善战，连匈奴都不敢轻易招惹，如今敌众我寡，如何抵敌？班超则自有主张，认为大月氏国的军队来自葱岭以西数千里，所带粮草必然不会很多，没有运输供应，只要坚守一月，对方便不战自乱。

班超于是派出兵将把能搜集到的粮草全部囤积起来，断绝大月氏军队就地补充粮草的渠道。然后加固城墙，深挖战壕，多预备强弓硬弩以备久战。与此同时，班超还切断了月氏国军队与龟兹国的联系。

大月氏国的军队来势凶猛，准备速战速决，很快就发动了攻击，但均以失败告终。正如班超所料，一个月后，大月氏国的军粮没有了，就地抢掠却一无所获，只有向龟兹国求助。

班超派人守候在大月氏与龟兹国间的通道上，将月氏国的使者及其随从一网打尽，首级送回。月氏副王谢大惊，接连派出三路使者，都被班超截获，十万大军得不到粮草，人心惶惶，丝毫没有了战斗力。

月氏副王谢无奈，只好派出使者向班超请降。班超准备恢复与大月氏国的关系，便接受了月氏副王谢的请求，为其提供粮草，让月氏国大军安然归国。月氏王十分感激，向班超递交了国书，每年派人向汉廷进贡。

在班超的不懈努力下，西域形势对大汉十分有利，西域各国都敬畏遵从班超，从此再不敢生二心。就是匈奴也闻风丧胆，好几年不敢南下侵犯大汉边境。班超因此威震西域，连葱岭以西的人也都知道汉朝有个将兵长史班超。

万里封侯

升任西域都护

永元二年至三年（公元90-91），大将军窦宪征讨北匈奴，彻底摧垮北匈奴残部，北匈奴单于不知所踪，匈奴人一部分逃入乌孙，再迁往康居，一部分则逃往遥远的西方。

汉军在北线的大捷如摧枯拉朽，使塔里木盆地周围的小国惶惶不可终日。龟兹、姑墨、温宿等国感到形势不妙，于是主动向班超投降。

血红滚圆的夕阳即将降落在帕米尔高原的另一侧，商旅、骆驼和马队疾速行走在疏勒街头。他们有的从帕米尔方向来，有的要向帕米尔方向去。无论来和去，都需要在疏勒驻扎、打尖。

太阳还没有落下去，月亮却已经高高挂起，日月同辉的景象常常出现在疏勒的上空。

长久以来，班超除了想念东方的故乡，就是向故乡的相反方向深深遥望。神秘、雄浑的帕米尔高原永远在班超的视线以西。每次向西望去，班超都有自己是帕米尔高原疏勒人的幻觉。他一抬头就能看见太阳。太阳很低，就在头顶，伸手可及。

帕米尔高原的日出日落是一件大事，牵动并影响着所有疏勒人的情绪。班超听说，在一个叫科库西力克的地方，有九条平行的峡谷，每天，太阳自东向西，从第一条峡谷落下，在第二条峡谷升起，从第二条峡谷落下，又在第三条峡谷升起。因此，科库西力克一天会出现九次日出日落。

班超渴望全天沐浴到帕米尔的灿烂阳光，也想去找寻科库西力克这样神奇的地方，但他是一位驻守疏勒的军人，他要对大汉王朝负责，也要对疏勒负责，所以，他不敢离开他的营帐半步。

这时，田虑气喘吁吁地跑来说，长史，朝廷的圣旨到了，快去接旨！

长久以来，班超除了想念东方的故乡，就是向故乡的相反
方向深深遥望。

班超令田虑召集全营将士，一起接旨。

班超接到的圣旨，是朝廷任命他为西域都护，要求他撤离疏勒，前往坐落于它乾城（在今新疆阿克苏）的西域都护府镇守。朝廷恢复了十六年前的西域都护等官职和机构，又晋升徐干为西域长史。同时，朝廷命龟兹侍子白霸取代龟兹王尤利多回国做国王，尤利多则押送到洛阳等候处理，这是十二年前班超提出过的建议，这样，就从根本上扭转了龟兹的局面。

永元三年（公元91）底，班超告别驻守了十八年的疏勒，向东迁驻龟兹它乾城。临行之际，班超留下自己最得力的助手西域长史徐干长驻疏勒。

它乾城原属龟兹国，南面是浩瀚的塔克拉玛干大沙漠，北面是雄伟壮丽、气势磅礴的天山山脉。来往于此地的使臣、僧人、商贾络绎不绝。从它乾城向东，沿孔雀河到达鄯善国，再经过罗布泊的蒲昌国，可达敦煌的玉门关，然后经过酒泉、张掖、武威、长安，最后到达京城洛阳。从这里向西蜿蜒而往，经过姑墨国、温宿国、乌孙国，可翻过帕米尔，到达大月氏人的贵霜帝国东部城市费尔干纳，再经过粟特到达安息王国的西海岸，直至黑海的东部。

作为重要的军事要塞，它乾城的城墙很高，顶部用石头砌成雉堞（zhì dié），十分坚固。远远望去，整个城堡犹如一头雄狮。进得城中，看不到壮观的琼楼玉宇，也没有华丽的皇家宫阙，它最重要的建筑，是雄伟的西域都护府衙门，除此之外，便是驿馆、酒楼、军营和茶肆。它乾城内常年驻军为两千人，全为骁勇的骑兵，能自如对付西域各国发生的叛乱、纷争、篡位等。每当西域发生战事，西域都护府便会迅速做出反应。如果驻扎在它乾城中的两千人的军事力量还不够用的话，西域都护作为大汉驻扎在西域的最高军事机构，还有权征调周围各国的军队。

它乾城的街面上，到处是来自粟特、安息、大食、贵霜、希腊等国的商人。他们向中国商队购买成匹的丝绸、成捆的生丝以及中国产的茶叶、瓷器等。而中国商人则从这些来自西域各国的商队手中，购进毛皮、毛织物、香料和各种宝石等。

此时，西域诸国，只剩焉耆、危须、尉犁三

国，因为曾经杀害西域都护陈睦，心怀恐惧，尚未归降。其余各国，都已平定。

永元六年（公元94）秋，班超调发龟兹、鄯善等八国的部队共七万人，进攻焉耆、危须、尉犁。

大军到达尉犁边境，班超派使者通告三国国王："都护这次到这里来，只想要安定、抚慰三国。你们如果想要改过从善，就应该派首领来迎接我们，那么你们的人都会得到赏赐。抚慰完毕，我们便会回军。现在赏赐你们国王彩色丝绸五百匹。"

焉耆王广是策划"陈睦事变"杀害陈睦及两千将吏的罪魁祸首，摸不清班超的意图，就派左将北鞬支迎接班超。

班超见了北鞬支，对他说："你虽然是匈奴侍子，可你掌握了大权，我到这里来，国王不能按时迎接我，这是你的罪过。"

当时有人向班超建议，可以乘机把北鞬支杀了，班超不同意，他说："这个人的权力比国王还要大。现在我们还没有进入他们的国境便杀了他，会让他们产生怀疑，如果他们加强防备，守住险要之处，那我们什么时候才能攻到他们的城下呢？"

于是班超送给北鞬支不少礼物，放他回国。焉耆王广见北鞬支安然无恙，就亲率高官在尉犁迎接班超，献上礼物。

但焉耆王广并非真想让班超进入国境。焉耆国境山口有个险要的地方叫苇桥，焉耆王广一从班超那里返回，立即下令拆掉了苇桥，不让汉军过桥入境。班超却秘密地从另一处水深及腰的地方过了河，进入焉耆国内，在距王城二十里的地方驻扎下来。

焉耆王大惊，想逃入山中抵抗。焉耆国左侯元孟，过去曾在洛阳做过侍子，一向不满焉耆王的倒行逆施，悄悄派使者向班超报信。班超立即斩杀了元孟的使者，表示不相信，以此稳住焉耆王，并且与他约定时间见面，声言到时将厚加赏赐。焉耆王广、尉犁王泛及北鞬支等三十多人信以为真，一起到会，只有危须王等人没有来。

宴会十分隆重，赏赐的礼物遍布全场。

大家坐定后，班超突然变了脸色，责问焉耆王等："危须王为什么不来？宰相腹久一班人为什么逃跑？"焉耆王支支吾吾回答不上来，班超喝令武士把焉耆王、尉犁王等三十多人一举拿获，以后连同捉到的危须王一道，在当年陈睦被杀害的地方斩首示众。罪大恶极的焉耆王和尉犁王的头颅还被传送到洛阳。班超替十九年前死难的两千汉军吏士报了仇。

之后，班超立元孟为焉耆国王。元孟因为班超斩杀了他派去的使者，每日在惊恐中度过，现在才明白了班超的深远用意，对其极其佩服。

至此，西域五十余国都归附了汉王朝，并各派侍子到洛阳，加强了彼此间的政治、经济、文化等方面的联系与交流。被迫封闭六十余年的丝路再度开通，疏勒绿洲上又出现了绝迹已久的中原物产，丝绸的光芒闪耀在疏勒草原上。班超终于实现了立功异域的理想。

定远侯

永元七年（公元95），朝廷为了表彰班超的功勋，下诏封他为定远侯，食邑千户，后人称之为"班定远"。西域在班超的治理下，呈现一片祥和景象，往来商旅络绎不绝。

沿丝路向西，就会到达大秦。大秦又称犂鞬，是当时对罗马帝国及近东地区的称呼。据记载，当时地方数千里，有四百余城，役属着数十个小国，用石头建造城郭。没有固定的国王，国王一般通过简易程序举荐贤者担任，且经常更换。大秦人长相"长大平正"，和中原有些类似，所以叫作"大秦"。

永元九年（公元97），班超派甘英出使大秦，意图使汉帝国的触角延伸得更长。

甘英率领使团一行从龟兹出发，经条支（在今伊拉克境内）、安息（在今伊朗境内）诸国，到达了安息西界的西海（今里海）沿岸。

西海辽阔，白浪滔天，茫然一片。甘英打算航行赴大秦。可安息的船夫告诉他，从安息的安谷城乘船去大秦，逢顺风三个月可以渡过，风小需要一年，无风需要三年，所以要准备三年的粮食。他还对甘英说："海中有思慕之物，往者莫不悲怀。若汉使不恋父母妻子者，可去。"

这是安息人有意吓唬、阻挠甘英，故意不把陆上的路线告诉他。甘英信以为真，难免有些惧怕，只好回程向班超报告。

甘英虽然没有抵达大秦帝国，但他记下了沿途的风土人情，丰富了中国人对中亚和西亚的认识，成为中国最早到达中亚和西亚的使者。

同时，派遣甘英西行也体现了班超放眼看世界的远大目光，他被封为"定远侯"是实至名归的。

绝域请还

年老思土，叶落归根，是中国人的传统观念。

永元十二年（100），班超已经快七十岁了。他久在绝域，感到自己的身体日渐衰弱，而肩上的担子还很重，这让他压力很大。

于是，垂垂老者班超上疏朝廷，请求尽快回归故土。

这封奏疏中说，姜太公虽然封在齐，死后却安葬在周。狐死首丘，代马依风。周与齐同在中原，相隔只有千里，太公尚且思恋故土，何况小臣远处绝域，怎么能不想念家乡？

于是，垂垂老者班超上疏朝廷，请求尽快回归故土。

班超又说，西域的风俗，历来敬服青壮年，瞧不起老年人，如果他再留在西域的话，可能就会让西域产生轻慢之心。随着自己年纪越来越大，常常担心会客死他乡。当年苏武滞留匈奴十九年尚得归汉，现在臣得到皇上的厚爱，奉命守西域，如果终老于此，也无怨无悔，只怕后人因此不愿再出使西域了。臣不敢奢望能到酒泉郡，但求能活着走进玉门关！

班超最后还说，我已老病衰困至极，就让我的儿子班勇带着进贡之物入塞。让他在我还活着的时候，亲眼看看中原。

班超这是"冒死"上奏。班超是多么想念久别的国土，沉淀太久的思念一旦苏醒，"生入玉门"关就成了班超古稀之年的最后夙愿。

这时，班超的妹妹班昭也还健在，她在洛阳宫中为兄长回乡做着自己的努力。

班昭，字惠班，嫁给同郡曹世叔为妻。丈夫早卒，班昭谨守妇规，举止合乎礼仪，气节品行非常好。班昭博学多才，她和班超的兄长班固著《汉书》，但没有完成就去世了，班昭奉旨入东观藏书阁，续写《汉书》。其后汉和帝多次召班昭入宫，邓太后临朝后，曾参与政事。

其时，班昭是皇后以及众妃嫔的老师，有面见皇帝的条件，她就为兄长回归洛阳上书。

班昭言辞恳切，二十二岁的汉和帝刘肇也觉得如果再拒绝班超回朝的请求，于情于理似乎都说不过去。于是下诏，派遣戊己校尉任尚出任西域都护接替班超，令班超还朝。

叶落归根

胡须花白的班超站在它乾城的城楼上，俯瞰他驻守和经营了三十一年的西域大地，眼神中有许多不舍。他在收到朝廷同意他回朝的诏书后激动万分，彻夜难眠。他渴望回归故土，却也担心他走后西域是否还如这般安宁。

他爱西域。当初在进入塔里木这个繁华盆地的那一刻，他就深深地爱上了它，再也不想离开它。它浑身上下有一种神秘的气息，神秘是因为它处于东西方的十字路口，富有传奇色彩。班超感到欣慰的是，那些穿越了沙漠、翻越了帕米尔高原的商队，正依次通过塔里木盆地，东西往来的商人在这片绿洲的各个城市交换双方的货物。没有哪一件货物是一口气运到长安或罗马的。在丝路沿线的一系列城市中，这些货物如同接力一般进行交换、集中，然后重新上路。

几天前，接替他的任尚已到了它乾城。

任尚，起初任护羌校尉邓训的护羌府长史，他颇具将帅才能，曾相继擒杀北匈奴单于於除鞬，大败南匈奴逢侯单于，击溃羌族烧当部落、先零部落的反叛与侵犯，为汉王朝边疆的安定立过大功。

交接西域都护府的军政要务时，两人有过一次深入交谈。

任尚对班超说："您在西域三十多年，而由我接替您的职务，这个责任重大，但我的目光短浅，希望您能予以指教！"

班超向任尚介绍西域的情况，并谈了自己的体会。他说："我年纪已老，智力衰退，你肯定能担当大任，功业更会超过我。一定要我提建议的话，我就想贡献一点愚见。西域人不懂中原文化，他们的风俗习惯跟我们也不一样，有些人生性野蛮，缺乏教养。而边境的士兵，也大都是因为犯了法，才被迁徙塞外，守边屯戍。而西域各国，心如鸟兽，容易叛离。依我看，你这个人性子比较急躁，待人过严。要知道，水太清澈了，就没有大鱼；当领导的太精明了，底下的人就会有怨恨。你应当宽容别人的小错，关心下属的生活，待他们宽厚些，不要在小是小非上去纠缠，应当采取无所拘束、简单易行的政策，只去总揽大纲就行了。"

一切安排妥当后，班超准备启程了。

他的赤炭火龙驹在城楼下仰首嘶鸣，不停地喷着响鼻，舐着它乾城的盐碱地。这里是赤炭火龙驹的故土，它不愿离开。赤炭火龙驹和班超一样，也在疏勒的大地上驰骋了三十一年。它熟悉这里的一切，熟悉带有浓厚羊膻味的气息。但是，现在他们得离开疏勒了。

临走的这一天，疏勒人载歌载舞，欢送这位深受他们爱戴、拥护的都护。其时，从洛阳到疏勒的普通商旅行程大约需要四个月时间，而以定远侯身份统领西域的班超一行回到都城洛阳，在路上却用了近两年时间。

永元十四年（102）八月，班超回到阔别已久的洛阳，见到了汉和帝和在朝的文武百官，也见到了已显老态的妹妹班昭，他心中很是欣慰。

朝廷非常重视完成了重大历史使命的班超，任命他为射声校尉，留在皇帝身边做事。

回到洛阳后的班超自觉已经完成了使命，三十一年戎马倥偬的军旅和外交生涯之后，应当有所放松，可以安度晚年了。不料此时，他因战伤引起的胸胁病忽然发作，以至于起床都很困难。汉和帝知道情况后，专门派侍奉皇帝及皇族的太监前往慰问，赐给医药。但班超终因年老体弱，医治无效，回到洛阳不到一个月就去世了，享年七十一岁。

朝廷上下对班超的去世十分哀伤、惋惜，汉和帝也派使者专门吊唁致祭，给予优厚的抚恤。

班超葬于洛阳北邙山上。一代名将得以善终。

班超说给任尚的临别赠言，是班超在西域三十多年的经验总结，也是班超多年外交和军事经验的浓缩，对继任者来讲，是不可多得的财富。但是，

　　班超回到阔别已久的洛阳，见到了汉和帝和在朝的文武百官，也见到了已显老态的妹妹班昭，他心中很是欣慰。

任尚对班超的这些劝告并不重视，也不理解，没有放在心上。班超走后，任尚私下对自己的亲信说："我以为班超会有奇策，而他今天所说的这番话，也是很平常不过了。"

后来，任尚不听班超的忠告，采用强硬手段，以致丧失人心，使自己与西域人以及属下的关系越来越坏。这样一来，西域各国就联合起来背叛汉廷，在疏勒攻打任尚。任尚上书朝廷求救，恰逢朝廷任命的西域副校尉梁懂到达河西，朝廷便命令梁懂率领河西四郡（敦煌、武威、酒泉、张掖）的羌、胡骑兵五千人急速前往救援任尚。不久，任尚被朝廷撤职召回。

此后，西域局势继续恶化，北匈奴又控制了西域，连年侵犯边境，许多人此时才懂得"弃西域则河西不能自存"的道理，明白了班超坚持在西域活动三十一年的深远意义。

班超
生平简表

●◎ 汉光武帝建武八年（公元32）

生于扶风平陵。

●◎ 汉明帝永平五年（公元62）

哥哥班固任校书郎，随迁至洛阳，为官府抄写文书。此后，
任兰台令史，掌管奏章和文书。后因过失被免官。

●◎ 永平十六年（公元73）

以假司马之职带兵攻打伊吾卢，在蒲类海大败匈奴白山部。
是年，出使鄯善国，斩杀匈奴使者，鄯善归汉。以军司马之

职再次出使西域。

● ◎ **永平十七年**（公元74）
_____

招降疏勒王兜题，立忠为疏勒王。

● ◎ **永平十八年**（公元75）
_____

龟兹、姑墨等国进攻疏勒，率孤军坚守一年多。

● ◎ **汉章帝建初二年**（公元77）
_____

留守西域，击破尉头国，疏勒再次安定。

● ◎ **建初三年**（公元78）
_____

率领疏勒等国一万多士兵攻破姑墨国，姑墨归汉。

● ◎ **建初八年**（公元83）
_____

任将兵长史，安抚乌孙，乌孙归汉。

● ◎元和元年（公元84）

进攻莎车国，平定疏勒叛乱。

● ◎元和三年（公元86）

斩杀疏勒王忠，彻底平定疏勒国，西域南道畅通。

● ◎章和元年（公元87）

再攻莎车国，莎车归汉。

● ◎汉和帝永元二年（公元90）

大败大月氏副王谢，大月氏国归汉。

● ◎永元三年（公元91）

龟兹、姑墨、温宿等国投降。任西域都护，驻扎龟兹它乾城。

●◎永元六年（公元94）

进攻焉耆、危须、尉犁，三国归汉。至此，西域五十多个国家均归附汉朝。

●◎永元七年（公元95）

朝廷下诏封为定远侯，食邑千户。后人称为"班定远"。

●◎永元九年（公元97）

派甘英出使大秦，甘英至西海而还。

●◎永元十二年（100）

上书朝廷请求回归故土。

●◎永元十四年（102）八月

返回洛阳，被任命为射声校尉。

同年九月去世，享年七十一岁。葬于洛阳北邙山下。